RUMÄNIEN

REISEN IN EUROPA

BUCHER

Bis zu 2 500 Meter erhebt sich das Bucegi-Gebirge in den Südkarpaten.

Das Casino von Constanța an der Uferpromenade.

RUMÄNIEN ·

Fotos Olaf Meinhardt
Text Ebba Hagenberg-Miliu

BUCHER

Die Kirche in Budeşti-Josani wurde 1643 aus Eichenholz gebaut.

Festtage sind Tage der Rückbesinnung auf altes Brauchtum.

Ein verzweigtes Labyrinth von Wasserarmen: das Donaudelta.

ZWISCHEN TRADITION UND AUFBRUCH   10
Ebba Hagenberg-Miliu

Paris des Ostens   13
Wenn Mütterchen Sofia kocht   14
Mönch Dimitrie erzählt   20
Wenn Vasile tanzt ...   24
Nationaler Sauerrahm   29
Dracula in Disneyworld?   34
Potemkin im Banat   39
Flackernde Kerzen   42
*Vom «Barbarenland» zum
rumänischen Staat*   44

Auf dem Moldoveanu, dem mit 2543 Metern höchsten Punkt des Făgăraş-Gebirges.

Vielvölkerregion Transsilvanien	50	Unterkünfte	69
Mehr als «Bibeln für die Armen»	*54*	Die beste Reisezeit	69
Wo noch Pelikane kreisen	*60*	*Die lange Trauer der Poeten*	*70*
		Souvenirs	71
		Sport	71
RUMÄNIEN:		*Lieder der Einsamkeit*	*71*
PLANEN · REISEN · GENIESSEN	66	Sehenswerte Orte von A bis Z	72
Ebba Hagenberg-Miliu		*Deutsche Pioniere mit Eigensinn*	*74*
		Brâncuşis endlose Säule	*84*
Allgemeine Informationen	66	*Russisch – nicht gefragt*	*87*
Karte Rumänien	*67*	Stichwortverzeichnis	95
Auskunft	67	Der Fotograf · Die Autorin	96
Anreise	68	Text- und Bildnachweis · Impressum	96

Die mittelalterliche Altstadt von Sighișoara (Schässburg) in Transsilvanien.

ZWISCHEN TRADITION UND AUFBRUCH

Woher wohl diese beschwingte Volksmusik stammt? «Bun ii vinul ghiurgiuliu» heißt der Song, was dem Hörer in Sachen Lokalisierung aber auch nicht unbedingt weiterhilft. Irgendwie lassen die Worte zurückliegende Lateinstunden anklingen. Und die volle Altstimme, sie wechselt von Zweier- zu Dreiertakten, beschleunigt mühelos, lässt Gluckser und Lachen einfließen. Es ist zweifellos ein Scherzlied, und zwar ein traditionelles rumänisches, das die Interpre-

uns die Bilder von traurigen Kinderaugen aus den steinernen Straßenschluchten und verfallenen Waisenhäusern ein, die uns die Medien in schöner Regelmäßigkeit ins Haus schicken. Da erinnern wir uns mit Schaudern an die blutbespritzte Mauer, vor der Rumäniens neuzeitlicher Vampir, der Diktator Nicolae Ceaușescu, mit seiner nicht minder machtbesessenen Frau Ende 1989 hingerichtet wurde. Und wer hat nicht schon in der Boulevardpresse über Minderheitenprob-

Zum Markt in Botiza in der Maramuresch reisen viele Bauern ...

... noch hoch zu Ross oder mit dem Pferdefuhrwerk an.

tin Maria Tănase vor mehr als vierzig Jahren sogar im Pariser «Olympia» aufführte.

«Gut ist der rotschimmernde Wein»,
sang sie da mit leichtem Edith-Piaf-Timbre,
«gut ist der Wein und wohlschmeckend, wenn du
ihn mit einem hübschen Burschen trinkst».
Um dann mit zwinkerndem Auge fortzufahren:
«Wenn du ihn aber mit einem hässlichen Mann
trinkst, dann bleibt er dir im Halse stecken».
Rumänien – hätte man von diesem Land nicht eher melancholische Lieder erwartet? Statt Schalk und Lebensfreude, statt zündender Rhythmen?

Denn wer kennt sie nicht, die drei, vier Stereotypen, die uns hierzulande, kommt das Thema aufs Karpatenland, sofort durch den Kopf schießen? Da fallen

leme gelesen? Rumänien also ein Horrorstaat, wo auch Anfang des 21. Jahrhunderts Mord und Totschlag herrschen und ein Kinderleben nicht einen Pfifferling wert ist? Rumänien gleichbedeutend mit «Dracula-Land», so wie fatalerweise der Vergnügungspark heißen soll, der in Transsilvanien geplant ist?

Langjährige Südosteuropa-Kenner wie Anneli Ute Gabanyi mahnen zu sachlicher und fairer Betrachtung. Die Berliner Mitarbeiterin des Deutschen Instituts für Internationale Politik und Wissenschaft berät die Bundesregierung in Sachen Rumänien. Die derzeitige Lage im Karpatenland sei immer vor dem Hintergrund seiner leidvollen Geschichte zu sehen, sagt Gabanyi.

Die Wallfahrtskirche in Valea Scradiei im Wassertal (Valea Vaser).

Über vier Jahrzehnte hätten die rund 22 Millionen Menschen hinter dem Eisernen Vorhang darben müssen. Dann kam das, was sie den «revolutionären Staatsstreich» nennt: der Sturz des kommunistischen Regimes und der sofortige Aufbau neuer Machtstrukturen. War der von den Massen getragene Volksaufstand von 1989 gewaltfrei geplant, der blutige Staatsstreich offenbarte sich anschließend aber als das Werk einer Gruppe von Postkommunisten, die nach einem Intermezzo unbelasteter Liberal-Konservativer seit 2000 wieder die Regierung in Bukarest stellen. Seit-

Noch ohne Traktor und Maschinen: Bäuerliche Arbeit ist Handarbeit.

Bauernleben in der Süd-Bukowina, nicht weit vom Borgo-Pass.

Was kostet das Schwein? Der Preis wird gemessen.

dem betreiben sie jedoch eine erstaunlich zielgerichtete und glaubwürdige Politik, wie selbst EU-Erweiterungskommissar Günter Verheugen bestätigte. Folglich wurde in jüngster Zeit Rumänien eine Mitgliedschaft in der Europäischen Union in Aussicht gestellt.

Zukunftsorientierten Menschen wie etwa Elvira Ionescu würde sie auch prima zupass kommen. Wir treffen die Bukarester Informatikerin in ihrer schicken Software-Agentur an der Prachtallee Calea Victoriei. Auch in Sachen Kleidung durchaus am Modepuls der Zeit, stöckelt die Unternehmerin von hier aus täglich

zu ihrer internationalen Kundschaft und lässt den Rubel, nein, den rumänischen Leu, rollen. Eine Dozentur an der heimischen Universität hat Elvira schon vor Jahren ausgeschlagen. «Ich fühle mich als Selbstständige viel wohler.» Denn die Mitdreißigerin mit der Luxuswohnung in der Hauptstadt und dem Ferienhaus in den Bergen hat aus den Gesetzen der Marktwirtschaft für sich längst das Beste gemacht. Wie eine ganze Reihe junger Menschen im modernen Karpatenstaat gehört auch Elvira zur so genannten neuen Elite, die bald nach der politischen Wende, mit einem Aktenkoffer bewaffnet, durchs Stadtzentrum eilte.

PARIS DES OSTENS

Die breiten Boulevards sind das Herz von Bukarest. Wer hier entlangbummelt, fühlt den Flair einer europäischen Metropole. Junge Gitarrenspieler sitzen verträumt auf den Bänken, Teenager zeigen ihre

WENN MÜTTERCHEN
SOFIA KOCHT

*Gute frische Zutaten, traditionell zubereitet: Rumäniens Küche
bieter vor allem auf dem Land noch unverfälschte Genüsse aus Fleisch
und Fisch, köstlichen Süßigkeiten und einheimischen Weinen.
«Pofta bună!» (Guten Appetit!) und «Noroc!» (Prost!).*

Sofia bereitet das Weihnachtsfest vor. Wie jedes Jahr ist die fünfundsiebzigjährige Großmutter für das Festmahl verantwortlich, für das Kochen, Backen und Keltern. Mütterchen Sofia ist nämlich über die Familiengrenzen hinaus als exzellente

nach alten Rezepten gekocht. Die Innereien verarbeitet sie zu *Drop*-Kugeln, die bei jedem Festessen unverzichtbar sind. Die besten Teile des Fleisches dagegen werden als Koteletts oder Schnitzel zu *Mamaliga*, dem in Rumänien so beliebten

Köchin und erfahrene Herstellerin edler Tropfen bekannt. Selbst über die auch kulinarisch trostlosen kommunistischen Jahrzehnte hinweg gelang es ihr, die Traditionen rumänischer Küche, so gut es eben ging, aufrecht zu erhalten. Im Herbst schon hat Sofia aus eigenen Trauben ihren Wein angesetzt, der jetzt in kleinen Fässern wohlbehütet zu einem trockenen Tropfen gären soll. Aus Walnüssen gewann sie einen wohlriechenden Schnaps, der es durchaus in sich hat. Den gängigen Pflaumenschnaps *Țuica* bekommt man ja in jedem Laden, aber: «kein Vergleich zu selbst gemachtem», findet Sofia selbstbewusst. Und auch beim Schlachten packt sie resolut mit an, als die Männer der Großfamilie ein Schwein zerteilen. Die Zubereitung aber ist allein Frauensache. Verschiedene Wurstsorten werden

Maismehlbrei, serviert. Von den minder guten Stücken kocht Sofia den pikanten Eintopf *Ciorba* oder die leicht säuerliche *Borș*-Suppe. «Auch die Schweinehaut kommt geräuchert auf den Tisch», erklärt Sofia ihrer Enkelin Alina, die der Großmutter allerdings am liebsten bei den süßen Köstlichkeiten hilft: bei den leichten *Cosonac*-Kuchen, bei *Clatite*, den Eierkuchen, sowie beim Sirupgebäck *Baclava*, das man auch in der Türkei und in Griechenland kennt.

Touristen können die traditionelle rumänische Küche ebenfalls genießen. In den guten, heute meist privaten Restaurants beginnt ein rundes Menü etwa mit sonnengereiften, fast süßlichen Tomaten und würzigem Schafs- oder Ziegenkäse, mit einem Brotaufstrich aus Auberginen oder mit einer Creme aus Kaviar. Es folgt eine

6

7

Traditionelle rumänische Gerichte kann man in vielen guten Restaurants genießen – wie etwa im «Caru cu Bere», der ältesten Bierhalle Bukarests (2.). Hier stehen neben dem landestypischen Maismehlbrei «Mamaliga», der beispielsweise zu Fisch serviert wird, auch das Nationalgericht «Ciorba de Burta» (saure Kutteln) und «Mici» (Hackfleischbällchen) mit Speck (3.–5.) auf der Speisekarte. Mit einem selbstgebrannten Begrüßungstrunk heißt man Gäste willkommen (6). Zu einem gelungenen Essen darf der gute heimische Tropfen nicht fehlen (1. und 7.).

Ciorba de văcuța, also eine Rindfleischsuppe, oder die Kuttelsuppe *Ciorba de burta*. Richtig rumänisch wird es, wenn man *Sarmale* (Kohlrouladen) bestellt, *Musaka*, einen herzhaften Auberginenauflauf, oder *Ardei umpluți*, mit Kalbfleisch gefüllte Paprika. Vom Grill kommen die pikanten Hackfleischröllchen *Mici*, die *Kleinen*, Geflügelstücke oder frischer

Fisch. Dazu gibt es gebratene oder pürierte Kartoffeln, würzigen Risotto-Reis oder eben den allgegenwärtigen Maismehlbrei Mamaliga mit Schmand.

Natürlich steht auch immer ein Korb mit Weißbrot auf dem Tisch, frisches Mineralwasser aus den Karpatenquellen und ein rumänischer Wein. Dabei werden besonders gerne der trockene Riesling *Târnave* aus Transsilvanien sowie der eher fruchtige Cabernet, Pinot gris, Chardonnay oder Muskateller *Otonel* aus Murfatlar an der Schwarzmeerküste getrunken. Und als Dessert wird vieles von dem gereicht, was auch Mütterchen Sofia ihrer Familie auftischt. Denn auch wer nicht das Glück hat, bei Paradeköchinnen wie Sofia mit am Tisch zu sitzen, kann sich durch Rumäniens herzhafte Küche und seine guten Tropfen mit Genuss hindurchschlemmen.

Bauchnabeltattoos, Marktfrauen preisen neuseeländische Kiwis und spanische Orangen an.

Das war nicht immer so. Die Zwei-Millionen-Stadt hatte, ähnlich wie der gesamte Staat, ein Schreckens-

Die Jugend von Vişeu de Sus (Oberwischau) trifft sich zum Plausch.

Noch hat man Zeit in der Maramuresch. Das Leben läuft nicht davon ...

... und auch die heimkehrenden Schafe haben es nicht eilig.

image weg. Nirgendwo sonst im Land zwischen Donau, Schwarzem Meer und Westkarpaten schien sich die Allgegenwart des paranoiden Diktators plastischer auszuwirken als in diesem einstmaligen «Paris des Ostens». Ganze Altstadtviertel mit stilvollen Villen, prächtigen Kirchen und blumenumrankten Bürgerhäusern hatten einer protzigen Machtarchitektur zu weichen. Divisionen von primitiven Wohnblocks kasernierten von nun an die Hauptstädter. Altehrwürdige Museen mutierten zu Huldigungsstätten des Kommunismus. Innerhalb kürzester Zeit hatte der «Conduca-

tor», der Führer, begonnen, die Stadtkultur eines früher mächtigen Fürstentums auszuradieren. Wer wollte bei diesem Kahlschlag noch in die ehemals so überaus glanzvolle Kapitale der Walachenfürsten reisen? «Geschäftsleute und Touristen aus aller Welt sind aber in den letzten Jahren wiedergekehrt», weiß Elvira Ionescu. «Anfangs noch vorsichtig, inzwischen mit stetig wachsender Begeisterung.»

Die meisten Gäste Rumäniens wohnen in den teuren Hotels im Zentrum von Bukarest. Häufiges Ziel ist die Sammlung des Kunstmuseums im ehemaligen

Königsschloss mit seinen über 70 000 Exponaten. Viele starten Ausflüge zum Nonnenkloster Horezu, das in seinem einzigartigen walachischen Stil inzwischen zum UNESCO-Weltkulturerbe zählt. Oder man bummelt durch Bukarests Triumphbogen – ein Denkmal des Sieges rumänischer Truppen im Ersten Weltkrieg – zum neuen wirtschaftspolitischen Treffpunkt «World Trade Center». Gleich daneben liegt das Pressezentrum im sozialistischen Zuckerbäckerstil, auch der groß angelegte Herăstrău-Park. An der Philharmonie Athenäum macht man Rumäniens Dichterfürst Mihai

Reiche Dorftradition zeigt das Bauernmuseum in Bukarest.

Eminescu seine Aufwartung. Nachdenklich blickt das bronzene Standbild auf das Alltagsgeschehen. In der Nähe des Bahnhofs ist das Elend einiger Jugendlicher noch immer greifbar. Manche dämmern in den Tag hinein, andere haben sich zu kriminellen Kleinbanden zusammengetan. Sie sind Opfer der Bevölkerungspolitik des alten und der wirtschaftlichen Härten des neuen Systems. Das Jugendproblem betrifft zwar nicht nur Rumänien, doch ruft es seit Jahren eine Reihe auch internationaler Hilfsorganisationen auf den Plan.

Die Geige spielt in der volkstümlichen Musik eine prominente Rolle.

Ganz Rumänien im Kleinformat findet der Bukarest-Besucher im Dorfmuseum im Herăstrău-Park. Auf einer Fläche von zehn Hektar sind hier an die dreihundert Häuser und Kirchen aus den sechs Regionen des Karpatenlandes bequem zu erkunden. Es sind keine Nachbauten, sondern Originale: die traditionell mit aufwändigem Schnitzwerk versehenen Bauernhöfe der Walachei, die weiß gestrichenen Häuser der Bukarester Region mit ihren Veranden, die moldauischen und transsilvanischen Gebäude mit ihren hohen Toren, die Häuser des Banat, die gedrungenen Katen der Dobrudscha am Schwarzen Meer und die

Botiza in der Maramuresch, urkundlich schon im Jahr 1385 erwähnt.

Religiöse Feste bringen die ganze Dorfgemeinschaft auf die Beine.

Im Kloster Moisei aus dem 17. Jahrhundert: Fest Mariä Himmelfahrt.

Valea Scradiei – prächtig wird die Geburt Mariens gefeiert.

himmelstürmend steilen Holzkirchen aus der Maramuresch im Norden. – «Das mag für alle, die keine Zeit haben, das gesamte Land zu bereisen, ein guter Überblick sein», meint der Mönch Dimitrie in einem der vielen Moldauklöster im äußersten Nordosten Rumäniens. «Dennoch kann ein Dorfmuseum niemals einen Besuch hier vor Ort ersetzen», fügt der Mönch mit dem tiefschwarzen Rauschebart stolz hinzu.

MÖNCH DIMITRIE ERZÄHLT

Die Kameras klicken, die Videogeräte surren, wenn Dimitrie an den bunten Außenfresken seines alten Gotteshauses entlang aus der Bibel erzählt. In fließendem Deutsch berichtet er vom Siegeszug des christlichen Glaubens. Seit dem späten Mittelalter konnten sich die festungsartigen Bergklöster der Bukowina im Moldau-Gebiet gegen die unterschiedlichsten Eindringlinge behaupten. Auch ein wiederholter Ansturm der moslemischen Osmanen konnte diese letzten Bastionen der rumänisch-orthodoxen Kirche nicht erschüttern. Damals, als Konstantinopel für das Christentum verloren war, wurden in den Bergklöstern Ikonen und andere religiöse Schätze versteckt, bis

diese in die Obhut der russisch-orthodoxen Kirche in Moskau gebracht werden konnten. Dimitrie ist stolz auf seine Vorzeigeklöster. «Wir haben bislang jede Klippe genommen, sogar die der Marktwirtschaft», erzählt der Fünfzigjährige. «Jetzt produzieren und verkaufen wir Milch, Käse und Eier, Fleisch, Obst und Gemüse. Und zwar mit Gewinn.»

In einem Land, dessen Einwohner zu fast 87 Prozent der rumänisch-orthodoxen Kirche angehören,

Orthodoxe Gottesdienstbesucherinnen im Kloster Moisei.

21

Der «Fröhliche Friedhof» von Săpânţa ist weit über die Landesgren-
zen hinaus bekannt. Mit farbig bemalten und individuell beschrifte-
ten Grabkreuzen hat der Holzschnitzer Ion Patraş dem Tod seinen
Schrecken genommen; in seinem einstigen Wohnhaus ist heute ein
Museum untergebracht. Nachfolger Dumitru Pop setzt die Kunst fort.

gewinnt das Klosterleben in heutigen Zeiten wieder an Attraktivität. «Für viele junge Novizen bedeutet ihr Weg nicht nur spirituelle Zuflucht. Das Kloster ist ein sicherer Hort in einer unsicheren Zukunft», bemerkt der Mönch. Und er weist darauf hin, dass die Menschen, die in der Nähe eines weltbekannten Klosters leben, finanziell davon profitieren. Manch kleine Pension in den umliegenden Dörfern beherbergt und bewirtet inzwischen die in Scharen anreisenden Kulturtouristen, wenn das Kloster selbst keine Zimmer zur Verfügung stellt. Dafür ist manch einer, der vorher in den Fabriken der Großstädte sein Glück gesucht hatte, wieder ins Dorf zurückgekehrt. Und auch das Kunsthandwerk ist hier in den Ausläufern der Ostkarpaten ein durchaus einträgliches Geschäft. Wer hier in den harten und dunklen Wintermonaten die schönen rot-weiß-schwarzen Tücher webt, weiße Blusen kunstvoll bestickt oder traditionelle Holzschnitzereien fabriziert, kann die Souvenirs in den Sommermonaten vor den Klostertoren verkaufen und damit zum Lebensunterhalt beitragen. Ab und an improvisiert dort auch ein Trio von Roma-Musikern beliebte Volkslieder wie Maria Tănases «Pe deal pe la Cornațel»:

«Grünes Blatt auf dem Hügel von Cornațel,

wo die Sehnsucht ist, folgt ihr die Liebe.

Wie die Kuh dem Kälbchen folgt.

Wie das Schaf dem Lämmchen folgt,

folgt ihr die Liebe.»

Die Nonnen oder Mönche der jeweiligen Klöster stehen dann in einiger Entfernung und lächeln leicht. Doch auch sie sind geschäftstüchtig und bieten im Inneren der Klosteranlage handgemalte Ikonen, fein gewebte Teppiche oder die fantasievoll gefärbten Holzeier der Orthodoxie an.

Unser Mönch Dimitrie ist studierter Kunstwissenschaftler und darauf eingestellt, hier in der historischen Bukowina auch die kniffligsten Touristenfragen zum heutigen UNESCO-Weltkulturerbe, eben zu den fünf berühmten, außen mit Fresken geschmückten Klöstern – Voroneț, Moldovița, Sucevița sowie Humor und Arbore – zu beantworten. Die Ehrfurcht vor der künstlerischen Qualität dieser früher als «Bibeln für die Armen» bezeichneten, weltweit einzigartigen Sakralanlagen spüre er bei den fremden Besuchern durchaus. Aber: «Ich staune in Gesprächen mit ihnen immer wie-

der über das Vorurteil unseres angeblich so niedrigen Bildungsniveaus.» Und der belesene Mönch schüttelt den Kopf; seine Augen blitzen hinter den Brillengläsern. Wisse denn niemand mehr, fragt er, dass die Bukowina bis über die heutige ukrainische Grenze hinweg im damaligen Cernovitz lange Zeit eine Hoch-

Lebensgeschichten in Wort und Bild auf dem «Fröhlichen Friedhof».

burg der Habsburger und auch ein lebhaftes Zentrum jüdischer Kultur war? Paul Celan, Rose Ausländer und Alfred Margul-Sperber stammten von hier und dichteten unvergessene Verse in deutscher Sprache. Oder, um in die Gegenwart zurückzukehren, Rumänien habe in der viel zitierten Pisa-Studie auch nicht

Fortsetzung Seite 29

WENN VASILE TANZT ...

Für den Touristen schwer zu unterscheiden: Was ist echtes rumänisches Brauchtum und was nur inszenierte Folkloreshow? Zumal man ja auch auf Besuch in rumänischen Dörfern die persönliche Sphäre der Menschen nicht verletzen will.

Wenn Vasile aus seinem Karpatendorf in die Hauptstadt Bukarest fährt, dann hat für den Bauernburschen wieder einmal die Tanzsaison begonnen. Vasile, der so oft wie möglich daheim

noch beim Säen und Ernten hilft, verdient sein Geld in Bukarest mit einer Folkloregruppe aus jungen Leuten. Mit Spiel, Gesang und Tanz in den traditionellen Trachten. Mehrere Tage wird geprobt und am einstudierten Programm aus dem letzten Jahr gefeilt. Die Musiker stimmen sich ab, die Einsätze und Wünsche der Sängerinnen und Sänger wollen berücksichtigt werden. Und auch ein neuer Tänzer muss in die Gruppe integriert werden. Das heißt üben, bis die Paare sich blind vertrauen können, bis jeder Schritt, jeder Ton sitzt. Schließlich will man mit diesem Programm über Wochen Abend für Abend vor verwöhnten Hotelgästen aus aller Welt auftreten. Und deren Erwartungen sind hoch. Sie wollen einerseits vom authentischen Erlebnis echten Brauchtums bezaubert werden, andererseits aber auch die

Professionalität einer grandiosen Inszenierung bewundern. Das ist nicht immer einfach für Vasiles bunte Truppe mit ihrem gespielten Programm einer «Rumänischen Hochzeit». Aber sie haben einiges zu bieten: «Da glänzen dann die Augen unserer Gäste, wenn wir mit unseren weiten weißen Hosen und Hemden, den Schafspelz darüber, die Mädchen mit bestickten Blusen, geschnürtem Wams und buntem Rock unsere alten Reigen tanzen», erzählt Vasile stolz. Und der Bauernsohn, der beim Männertanz «Caluşari» mit fast akrobatischen Einlagen glänzt, spürt instinktiv, dass in seinen Zuschauern an einem solchen Abend die Sehnsucht nach der verlorenen Ursprünglichkeit brennt: Diese sich im Reigen wiegenden jungen Leute repräsentieren so etwas wie Unverdorbenheit und Tradition im besten Sinn. Und die Touristen entdecken den Reichtum einer Kultur, wie sie ihn so nicht erwartet hatten, der nur geweckt werden muss. Zumal Rumänien als das europäische Land gilt, wo sich altes Brauchtum auf Schritt und

6

7

4

5

8

1., 6., 8. Zum Volksfest auf dem Prislop-Pass werden von Alt und Jung die traditionellen Trachten getragen. – 2. Ohne Geigenmusik keine Feste in Rumänien. – Holzbearbeitung und Schnitzkunst erfordern Erfahrung und handwerkliches Können: Kreuz in der Walachei (3.), Holzmasken (4.) und Fensterläden in der Dobrudscha (5.). – 7. Hochzeit in Botiza.

Tritt noch unverfälscht erhalten hat, wo es aber auch jahrzehntelang zu Propagandazwecken missbraucht worden ist. Im Kommunismus diente die Volksmusikszene als Aushängeschild für eine vorgeblich intakte, einheitliche rumänische Kultur, die vor allem die Überlegenheit und Volksverbundenheit des Systems bewei-

sen sollte. Authentische Folklore war das allerdings nicht. Vasile sieht das gelassen. Auch wenn Karpatenburschen heute alltags am liebsten Jeans und T-Shirt tragen, ist ihr Verhältnis zur Tradition völlig unverkrampft. Aber Vasile kennt seine Wurzeln. Und die reichen weit tiefer, als in den real existierenden Sozialismus.

So knüpft man in Rumänien inzwischen wieder unmittelbar an die alten Volksbräuche an und pflegt sie auch zu gegebenem Anlass in der heutigen Zeit. «Meine Tracht trage ich im Dorf fast nie. Nur wenn die Großmutter mich überredet.» Allerdings: Zu den Erntefesten und an Fei-

ertagen zum Kirchgang zieht er doch seine bunte Weste über. Und dann tanzt er auch zu den traditionellen Weisen mit. Ohne Publikum. Eine Zukunft in seinem Karpatendorf kann sich Vasile aber trotzdem nicht mehr vorstellen. Später einmal Choreograf einer eigenen Folkloretruppe will er werden. Aus dem Musikgut seiner Kindheit und dem, was er inzwischen noch an alten Liedern kennen gelernt hat, möchte er auch weiterhin das Schöne, Echte an andere weitergeben: «Das ist mein Beruf. Das ist das, was ich kann und was ich mag. Das bin ich.» Vasile schöpft aus einem tiefen Brunnen.

In Botiza am Fuße des Tibles-Gebirges gibt es vor allem Pferde – und kaum Autos.

schlechter als Deutschland abgeschnitten. Und immerhin zwanzig Prozent der derzeitigen Microsoft-Angestellten in den USA seien einmal in Rumänien ausgebildet worden. «Sagt auf jeden Fall Bill Gates».

Dann macht Dimitrie sich auf, der Touristengruppe im Klostermuseum die kulturellen Schätze der Vergangenheit zu erklären: wertvolle Hinterglas-Ikonen, mit sakralen Motiven kunstvoll gewebte Teppiche und bunt verzierte, kostbare Handschriften. Eigentlich hätte der gebildete Mönch sogar noch weitere Punkte zum Ruhm der Geschichte anführen können. So ist vom einstigen Fürstentum Moldau nicht nur eine große religiöse Kraft, sondern von seiner Metropole Iaşi immer auch eine starke kulturelle und politische Ausstrahlung ausgegangen. Hier hatte sich im 19. Jahrhundert um den Lyriker Mihai Eminescu und den Dramatiker Vasile Alecsandri die Elite der rumänischen Literaten, Journalisten und Wissenschaftler zusammengefunden. Ein Streifzug durch die moderne Universitätsstadt an der heutigen Grenze zur unabhängigen Republik Moldova – im Jahr 1991 hervorgegangen aus der Moldauischen Sozialistischen Sowjetrepublik – mit ihren Theatern, Museen, Künstlerhäusern und Kirchen wird zu einem besonderen Erlebnis für Kulturfreunde. Die Drei-Hierarchen-Kirche aus dem 17. Jahrhundert zum Beispiel gehört zu den bedeutendsten sakralen Bauwerken Europas. Und in Iaşi hatte seit dem Jahr 1861 die Entwicklung zum rumänischen Nationalstaat ihren Lauf genommen, was dem Besucher im Vereinigungsmuseum der ehemaligen Fürstenresidenz dokumentiert wird.

NATIONALER SAUERRAHM

Der damalige Hausherr und letzte moldauische Fürst, Alexandru Ioan Cuza, hatte in den sechziger Jahren des 19. Jahrhunderts das Kunststück vollbracht, den Staat Rumänien durch einen Verbund mit dem Nachbarstaat Walachei zu festigen und dafür sogar den Segen der europäischen Großmächte erhalten. In den folgenden Dekaden bis 1918 sollten sich unter einem neu installierten rumänischen Königshaus der Hohenzollern dann auch die übrigen Regionen in den neuen

Zur Arbeit der Hirten im Rodna-Gebirge gehört die Käseherstellung, ...

Staat eingliedern: die Dobrudscha, Transsilvanien, die Maramuresch und das Banat. Das war in der Geschichte des Landes bislang nur dem Walachenfürsten Mihai Viteazul, Michael dem Tapferen, gelungen. Doch nur für einen kurzen historischen Augenblick. Er hatte den osmanischen Angreifern 1595 überra-

... das Füttern und Tränken der Pferde ...

... sowie das Schlachten und Häuten der Schafe.

schend eine walachisch-transsilvanisch-moldauische Allianz präsentiert – um dafür schon im Jahr 1601 mit dem Leben zu bezahlen. Der Vereinigungstraum des tapferen Michael passte nicht in das politische Konzept der argwöhnisch beobachtenden Großmächte.

Aber kommen wir zurück ins Hier und Jetzt am Karpatenbogen. Fahren wir zu Jozsef Molnar, einem knorrigen Alten aus dem hohen Norden. Der Schafbauer mit ungarischen Vorfahren lebt in der Bergregion Maramuresch. Die Politik im fernen Iaşi oder im noch ferneren Bukarest interessiert ihn überhaupt nicht. Seit seiner Kindheit sind andere Dinge wichti-

Heimatklänge: Das Bucium ist die rumänische Variante des Alphorns.

ger: der Almauftrieb im Frühjahr, die Schafschur, die Milchverarbeitung und im Herbst dann der Abtrieb der Tiere ins kältesichere Dorf. Wobei natürlich inzwischen längst Sohn Bogdan den kräfteaufreibenden Teil der Arbeit übernommen hat. Vater Jozsef ist aber immer dann gefragt, wenn es um die traditionellen Techniken der Käseherstellung und der Wollverarbeitung geht. Stolz berichtet er, dass sein «Telemea», also der in Salz eingelegte würzige Schafkäse, besonders gut auf den umliegenden Märkten verkauft wird. Ehefrau Elena, mit der er seit fast fünfzig Jahren verheiratet ist und die sich beim Gespräch schüchtern im Hintergrund hält, ist die Smântâna-Spezialistin, eine wahre Künstlerin bei der Produktion von Sauerrahm. Mit

Eine Schafherde weidet zwischen den Felsen des Făgăraş-Gebirges.

Elenas feinem Rahm als Brotaufstrich brauche man keine Butter mehr, schwärmt ihr Mann. Auch freut sich Jozsef, dass der Enkel Viorel nach dem Militärdienst ins Familiengeschäft einsteigen will. Zumal die meisten Jüngeren seiner Generation ihren Dörfern den Rücken gekehrt haben und dem Magnetismus der glitzernden Großstädte mit ihren verheißungsvollen Versprechungen erlegen sind.

«Für mich gibt es nur meine Familie und mein Dorf», meint Jozsef. Er will überhaupt nicht wissen,

was die Ministerien in der Hauptstadt beschließen. Sohn Bogdan wiegt nachdenklich den Kopf. Natürlich weiß er, dass die Idylle, die dem Vater vorschwebt, auch in ihrem einsamen Bergort so nicht mehr besteht. Man ist sehr wohl von den Entscheidungen der politisch Verantwortlichen abhängig, besonders von ihren wirtschaftlichen Zielsetzungen. «Ich habe unseren kleinen Hof für das Agrartourismus-Programm vormerken lassen», berichtet der Sohn. Bald werden sich also in Jozsefs einfachem Haus mit dem tief gezo-

Fest im Visier hat dieser Hirte seine Schafe.

genen Dach und den geschnitzten Fensterläden Wandertouristen aus dem reichen Westeuropa einmieten, damit die Großfamilie hier an der ukrainisch-ungarischen Grenze wirtschaftlich überleben kann.

Fast unberührte Wälder und Berghöhen um den gut 2300 Meter hohen Pietrosu locken auch anspruchsvolle Urlauber. Dazu Dörfer, in denen die Zeit stehen geblieben zu sein scheint. In unzähligen Variationen elementarer Formen sind selbst die Zäune und

Wandern in den Transsilvanischen Alpen: das Făgăraş-Gebirge.

Tore mit Schnitzwerk verziert: Vor jedem Hof präsentiert sich ein Holztor mit einem aufwändig und liebevoll geschnitzten Rahmen, oben ein kleines hölzernes Dach. Die Motive sind einfach aber vielfältig: Lebensbäume, Kreuze, stilisierte Blüten, Früchte und Figuren. Manchmal hat man den Eindruck, hier den Wurzeln und Formen des weltberühmten rumänischen Bildhauers Constantin Brâncuşi ganz nah zu sein (siehe Seite 84).

Vor der malerischen Bergkulisse streben in jedem Ort schmale schlanke Kirchtürme mit steilen Holzschindeldächern in den Himmel. Manche dieser fast gotisch anmutenden Gotteshäuser stehen dort seit

Rast am bekanntesten Bergmassiv der Moldau: dem Ceahlău-Gebirge.

DRACULA IN DISNEYWORLD?

Filme und Horrorgeschichten, bizarr und grausam, prägen das Bild des blutsaugenden Grafen Dracula bis zur Parodie. In einem aber sind sich alle Überlieferungen einig: Dracula war in den Karpaten zu Hause. Da steht sein Schloss auf düsterem Fels. Und wer es betritt, achtet besser auf seine Halsschlagader. Oder etwa doch nicht?

D as soll sein Geburtshaus sein? Dieser Eckbau, sandfarben und bucklig, an dem heute ein Drachensymbol zum Be-

such einer Gaststätte einlädt? Die Touristen, die sich da mitten im siebenbürgischen Sighişoara, deutsch Schässburg, zu orientieren versuchen, blättern ein wenig enttäuscht in ihren Reiseführern. «Doch, hier stehts: 1431 erblickte hinter einem der schießschartenähnlichen Fenster Graf Dracula das Licht der Welt.» Siebenbürgen oder Transsilvanien, also Land hinter den (Karpaten-)Wäldern, plus Drachenwappen für Familie Dracula – da dürfte der interessierte Besucher doch zumindest irgendwo auf offene Särge, schwarzrote Umhänge und bleiche Leichen mit Reißzähnen hoffen. Doch weit gefehlt. Im Schatten der Bäume häkeln Großmütter Babywäsche; knorrige Männer sitzen zum Plausch beisammen.

«Etwas zu idyllisch für echte Dracula-Fans», muss ein Besucher zugeben. Verbinden sich doch seit Erscheinen eines Horrorromans des irischen Autors Bram Stoker vor etwas mehr als hundert Jahren mit dem Grafen Dracula eher Blut-, Rausch- und Todesvisionen. Nichts davon ist hier zu sehen. Heute künden auf der Speisekarte der Gaststätte höchstens eine Dracula-Biersorte und – immerhin – Räuberbraten vom (Un-)Geist des Ortes.

Eher entspricht da schon die romantisch gelegene Törzburg (Castelul Bran) dem Schreckensbild einer von Raben umschwärmten und von untoten Blutsäufern bevölkerten Karpatenburg. Zumindest bei Gewitter oder Dunkelheit. Allerdings hat Dracula nachweislich niemals auf Burg Bran gelebt. Hier irrt die Legende, wie überhaupt die belegbare Geschichte der walachischen Fürsten Vlad Dracul (um 1400–1447) und seines Sohnes Vlad Țepeș (um 1430–1476/77), den Vorbildern Draculas, fast nichts mit der berühmten Romanfigur zu tun hat, die vor allem der Fantasie Bram Stokers entsprungen ist. Der Geschichtenerzähler war übrigens niemals am Schauplatz des angeblichen Geschehens in Rumänien, sondern hatte sich lediglich von den historischen Gestalten inspirieren lassen. Vlad Țepeș war zwar wegen seiner Grausamkeit berüchtigt und führte seinen Beinamen «der Pfähler» sicher nicht grundlos, musste sich aber auch in immer neuen verlustreichen Kriegen der Türken erwehren. Die Osmanen drängten nach Europa und waren in einem erbarmungslosen Zeitalter alles andere als zimperlich, so dass die Schandtaten beider Seiten sich in nichts nachstanden. Immerhin weiß man von Vlad Țepeș, dass die Türken den Fürstensohn geraubt, ihn in Konstantinopel erzogen und dann als ihre vermeintliche Marionette 1448 auf den Walachenthron gesetzt hatten. Er blieb jedoch unbestechlich und kämpfte bis zu seinem gewaltsamen Tod tapfer, bravourös, aber eben auch bedenkenlos in der Wahl seiner Mittel gegen die Usurpatoren. Doch zum blutdürstenden Vampir wurde er erst als Romanfigur.

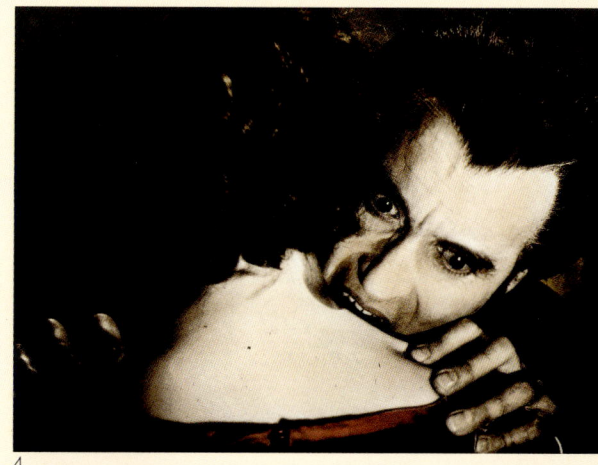

einer historisch bedeutenden Stadt also, die wegen ihrer mittelalterlichen Bausubstanz zum UNESCO-Weltkulturerbe gehört. Proteste in Sighişoara selbst, aber auch auf nationaler und internationaler Ebene haben das Projekt vorerst zu Fall gebracht. Die Besonneneren fürchten, dass eine solche Blutsauger-Gaudi dem Image des Landes schaden könnte, zumal die Zeiten noch nicht so weit zurückliegen, in denen angesichts einer bizarren kommunistischen Diktatur die Assoziationen mit Vampiren und Psychopathen einen grausig-realen Hintergrund hatten. Inzwischen ist der Tourismusminister auf der Suche nach einem neuen Standort. Aber der Wind bläst ihm ins Gesicht. Trotzdem: Dracula geistert noch immer durch die Fantasien der Reiseveranstalter und fasziniert das Publikum. Und so kommt es, dass man hier in Vlad Ţepeş' Geburtsstadt auf den Pseudo-Vampir vor allem im Souvenirladen stößt. Da springt uns sein Bild vielfach auf papageienbunten Tellerchen entgegen, neben einer drallen Sennerin und röhrenden Hirschen.

1. In beherrschender Lage: die «Dracula-Burg» Castelul Bran (Törzburg) hoch über den Karpatenwäldern. – 2. und 3. Zum Gruseln schön: Die stimmungsvollen Innenräume der Burg sind für Besucher zugänglich. – 4. und 5. Im Film verbreitet Christopher Lee blutrünstigen Schrecken, als Souvenir fürs traute Heim wirkt der historische Walachenfürst Vlad Ţepeş eher bieder.

Damit sind Dracula und die Karpaten rehabilitiert, die Tourismusmanager allerdings verzichten nur ungern auf so ein attraktives Schauerstück: Nahe dem Geburtsort des Fürsten plante man einen Blutsauger-Vergnügungspark, im Umfeld

dem 14. Jahrhundert. Besonders schöne Exemplare findet man in Rozavlea, Ieud und Bogdan Voda in der östlichen Maramuresch oder auch im südwestlicheren Surdeşti mit seiner 54 Meter hohen Holzkirche.

Wenn Jozsef Molnar vor seinem Anwesen sitzt und mit vorbeiziehenden Wanderern ins Gespräch kommt,

Einst Sommerresidenz von König Carol I.: Schloss Peleş bei Sinaia.

wird er manchmal gefragt, ob er denn als ungarischer Katholik in Rumänien nicht Nachteile erleide. Man höre doch so einiges über ständige Konflikte im Vielvölkerstaat. Dann lächelt der einfache Mann mit der großen Fellmütze meist und erzählt, dass es den Nationalisten beider Seiten letztlich um so wichtige Dinge gehe wie: wer irgendwann mal als Erster hier am Karpatenbogen aufgetaucht sei. «Dazu erzählen die Rumänen einen selbstironischen Witz», sagt Mol-

nar. Über den könne er gemeinsam mit seiner rumänischen Frau Elena lachen: «Reitet ein Ungar vor 1000 Jahren in Transsilvanien ein. Schaut sich um, sieht rundherum niemanden und sagt: Das ist mein Land. Muss nur mal schnell ein kleines Geschäft erledigen. Bindet sein Pferd am nächsten Baum an. Als er zurückkommt, hängt am Baum nur noch das Seil. Und ein Zettel. Darauf steht: mulţumesc, rumänisch danke.»

Der fast zahnlose Alte in seiner Wohnküche wippt rhythmisch mit dem Fuß. Eines der auch Jahrzehnte nach dem Tod der berühmten Sängerin Maria Tănase immer noch beliebten Paradelieder rumänischer Volksliedkunst klingt aus dem kleinen Radioapparat. Ein zärtliches Wiegenlied exakt aus dieser Region, der «Cântec de Leagan», das die Tănase gefühlvoll intoniert. Es ist gleichzeitig eine rumänische «Doina», also ein Karpaten-Blues, der von Sehnsucht, Wehmut und den Qualen des Lebens erzählt. Aber auch von einer Mutterliebe, die angesichts des schlafenden Kindes schier überquillt.

«Liebling mit den Brombeeraugen.
Deine Mama ist im Wald,
sammelt Holz fürs Feuer
und bäckt dir Krapfen.
Schlafe ein, schlafe ein.
Hab keine Angst vor Drachen.
Mama hat sie verscheucht»,
flüstert die Sängerin ins Mikrofon. Jozsef und seine Frau Elena wiegen sich erst langsam auf ihren Stühlen, um sich dann an den Händen zu fassen und langsam durch die Küche zu tanzen.

«Schlaf ein, mein Liebling, schlaf ruhig ein,
deine Mama geht zur Mühle»,
singen die beiden Alten leise mit. Die eingängige Melodie bewegt die Herzen. Schade, sagen sie später, dass auf den dörflichen Familien- oder Erntefesten immer weniger Musik gespielt wird.

Die Reise geht weiter. Schauen wir über die Westkarpaten hinweg ins Banat, wo sich in den breiten und fruchtbaren Flusstälern des Timiş und des Mureş in den Sommermonaten endlos Maisfeld an Weizenfeld reiht. Das östliche Banat wird von Rumänen,

Steile Stiegen führen zur Eishöhle Scarişoara: Im Inneren sind gewaltige Eisdome und Eiszapfen verborgen (rechts oben). – Peştera Urşilor, die «Bärenhöhle», ist die größte Tropfsteinhöhle Europas (rechts unten).

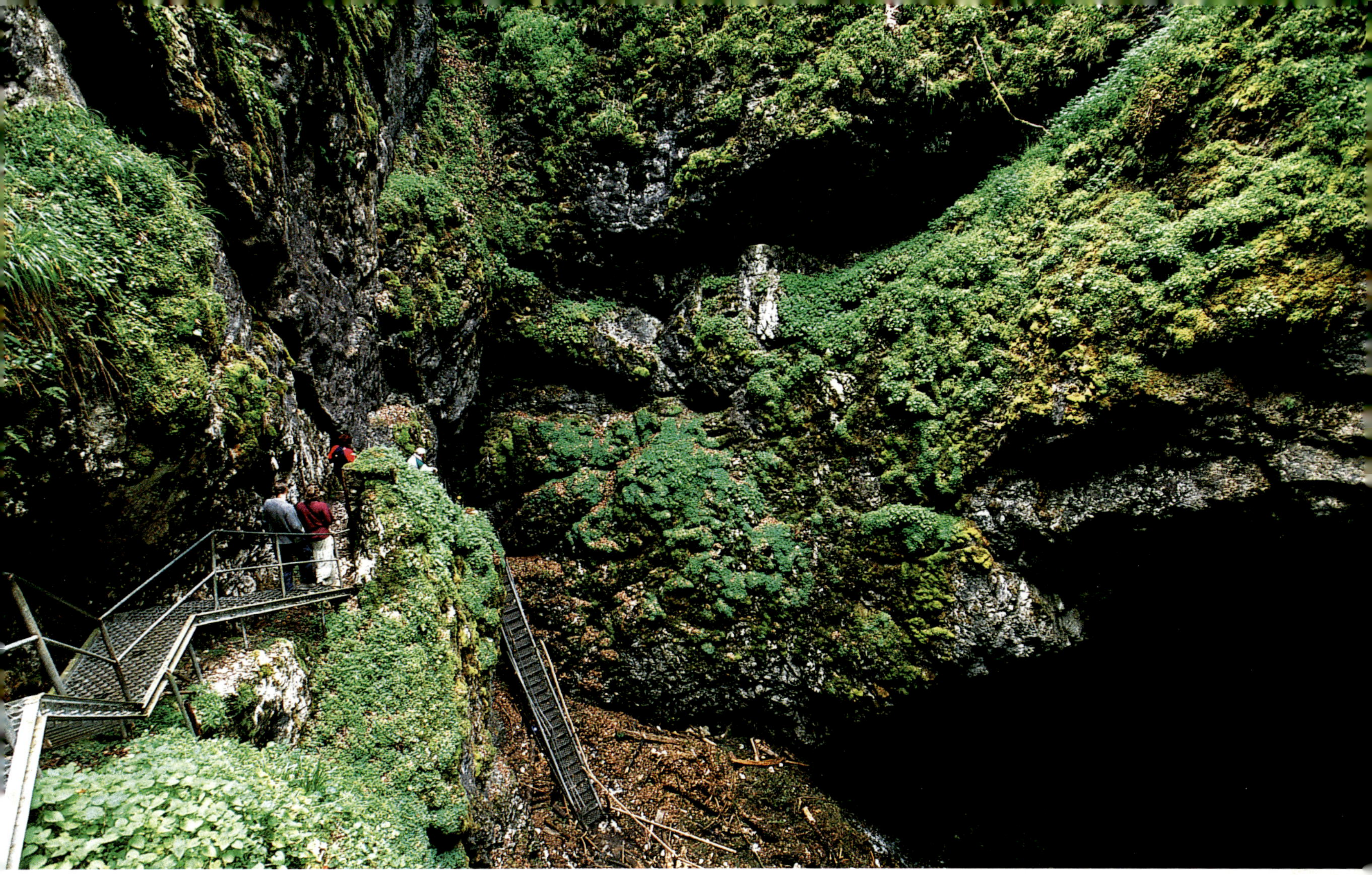

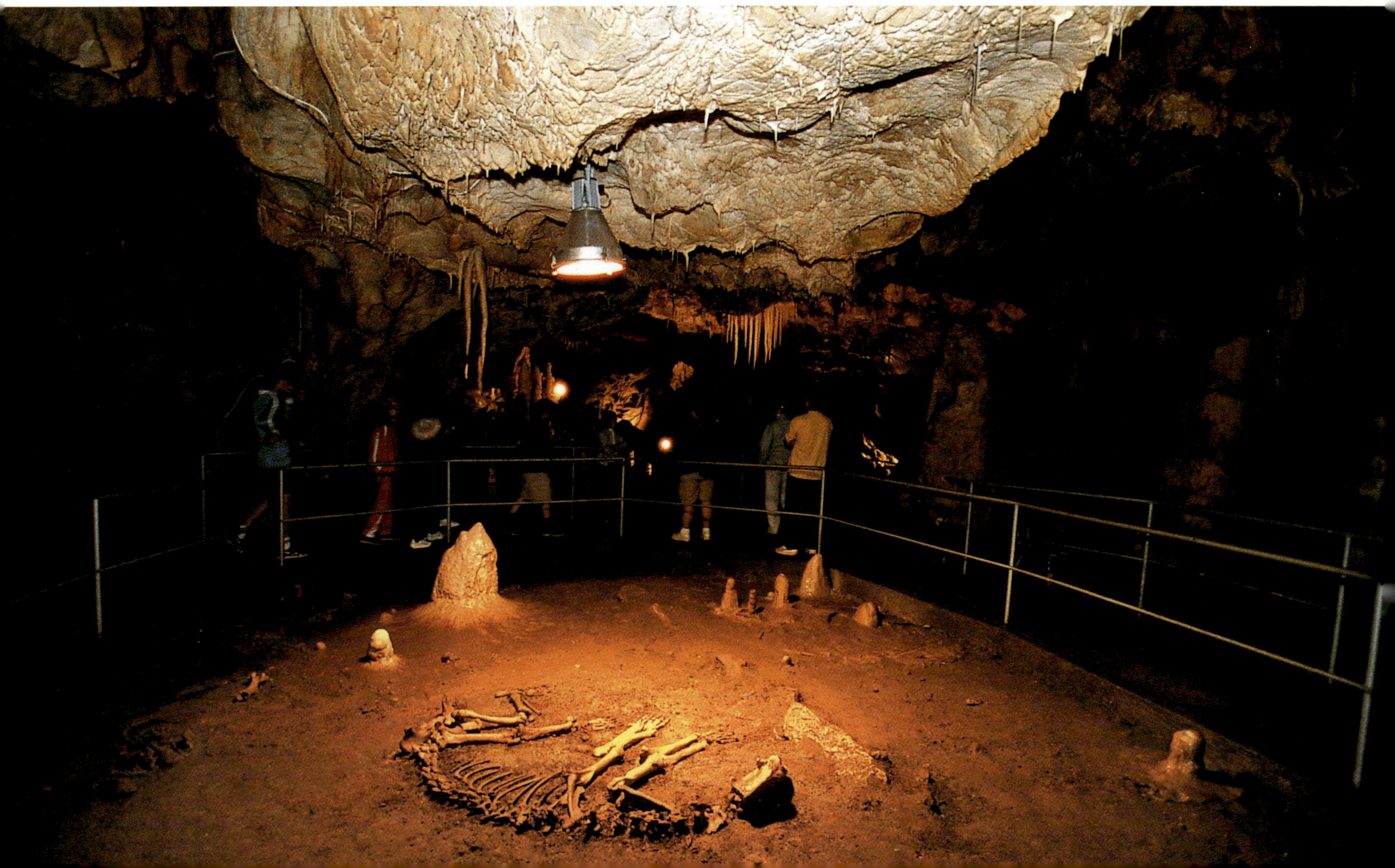

Eine der schönsten Kirchenburgen Transsilvaniens: Biertan (Birthälm).

Ungarn, Slawen und den so genannten Banater Schwaben oder Donauschwaben bewohnt. Das sind Deutsche aus der Pfalz, der Moselgegend und Elsass-Lothringen, die im 18. Jahrhundert von den Habsburgern hierher übersiedelt wurden.

In Nitzkydorf, in der Nähe der Großstadt Timișoara (Temeswar), kam 1953 die bekannte Schriftstellerin Herta Müller zur Welt. Wie Jozsef Molnar der ungarischen, gehört sie der deutschen Minderheit in Rumä-

Rumänisch-orthodoxer Mönch – allein mit Gott und der Natur.

nien an – zwei «Müller» dem Namen nach: ungarisch Molnar heißt ebenfalls Müller. Zu Beginn des Zweiten Weltkriegs gab es insgesamt noch 780 000 Rumäniendeutsche. Inzwischen werden es nach Zwangumsiedlungen, einer restriktiven Minderheitenpolitik in der stalinistischen Zeit und Auswanderung seit den achtziger Jahren nur noch 60 000 sein. Herta Müller studierte Germanistik an der Universität von Timişoara und wurde Lehrerin. Im Gegensatz zum Schafbauern

Orgelempore in der ab 1270 erbauten Kirche von Prejmer (Tartlau).

Jozsef Molnar aber litt die Intellektuelle unter der geistigen Enge des Dorfes und besonders unter den allgegenwärtigen Zwängen des totalitären Systems. Weil sie sich standhaft weigerte, die Jubelgedichte auf den Diktator in der Schule zu unterrichten und für den Geheimdienst Securitate zu spionieren, geriet sie in den siebziger Jahren auf die schwarze Liste der politisch Unzuverlässigen.

POTEMKIN IM BANAT

Der Geheimdienst drohte mit Folterung und Tod. Herta Müller aber entzog sich dem Wahnwitz des paranoiden Herrschers. Sie konnte nicht mehr darüber hinwegsehen, dass die Menschen in Rumänien in Baracken dahinvegetierten, während Ceauşescu und seine Claqueure in Saus und Braus lebten. Zwei Jahre vor dem Umsturz packte sie die Koffer wie viele andere Banater Schwaben vor ihr und baute sich ein

Zeitreise: mittelalterlicher Burgberg von Sighişoara (Schässburg), ...

... Hochzeitsdefilee durch das Altstadttor auf den Museumsplatz, ...

... dem beliebten Stadtmittelpunkt am Stundturm.

neues Leben in Deutschland auf. Um diese Möglichkeit zur Ausreise wurde sie von Millionen von Rumänen beneidet. Deren einzige Chance war eine lebensgefährliche Flucht. Im Westen konnte Herta Müller wieder veröffentlichen. Doch bis heute ist sie nicht von ihrem Land mit den unendlich weiten Getreidefeldern losgekommen. Ihre Erinnerungen bergen die einschneidenden Erfahrungen mehrerer Generationen. 1995 schrieb sie in dem Buch «Hunger und Seide» über Ceauşescu: «Der Herrscher, der in seiner Person mehr als ein Volk darstelle, sagte man, der Herrscher werde, wenn er Klatschmohn sehe, nervös.» Kündigte sich der «Herrscher» zu einem seiner «Arbeitsbesuche» im Banater Land an, mussten die Bauern in mühseliger Arbeit die Blüten des Klatschmohns aus ihren Weizenfeldern zupfen. Doch das war noch nicht alles. Kühe schrubbte man mit Waschmitteln, bis sie glänzten, unansehnlichere Tiere wurden versteckt beziehungsweise auf der Weide gegen wohlgenährte ausgetauscht. Die extra für Ceauşescu gemästeten Rindviecher nannte man «Präsidentenkühe». Auch hier im Banater Westen wurden «potemkinsche Dörfer» mit großer Perfektion und Leidenschaft errichtet.

Heute darf der Klatschmohn wieder hellrot zwischen den Feldern leuchten. Die Rinder sind längst nicht mehr unterernährt und müssen auch nicht mehr glänzen. Trotzdem könnte es dieser fruchtbaren Region an der serbisch-ungarischen Grenze wirtschaftlich besser gehen. Die Donauschwaben haben eine Lücke hinterlassen. Auch wegen der Kriege im benachbarten ehemaligen Jugoslawien kam das Banat nicht zur Ruhe. Und die anschwellenden Touristenströme aus den westlichen Ländern erleben diese Grenzregion vor allem auf der Durchreise. Sie wollen weiter nach Bukarest, Siebenbürgen oder gleich ans Schwarze Meer. Vorerst noch. Das Interesse für dieses südwestlichste Gebiet Rumäniens, das vom 18. Jahrhundert an mal unter habsburgischer, mal unter ungarischer Herrschaft stand, wird weiter wachsen.

Denn gerade die Wander- und Klettergebiete in den Ausläufern der Südkarpaten von Băile Herculane bis Reşiţa haben ihren eigenen Reiz. Der einst noble Kurort Băile Herculane, Herkulesbad, wo während

Treppenaufstieg zum Stundturm – das Wahrzeichen von Sighişoara.

Auf den steinernen Wehrringen von Sibiu (Hermannstadt).

Im vierhundertjährigen Rathausturm mit Blick über Bürgerhäuser ...

... und auf dem Großen Ring mit dem Brukenthal-Palais (links) ...

Maria Theresias Regentschaft die Reichen und Schönen Europas das Leben genossen, zehrt einstweilen noch vom großen Ruf der Vergangenheit. Aber wer hier heute lustwandelt, kann sich das Vergnügen der hohen Herrschaften, die heitere Atmosphäre angesichts der Belle-Epoque-Pavillons und Badehäuser im Villenstil durchaus vorstellen. Zudem ist die umliegende Landschaft besonders schön, wie auch der aufstrebende Skiort Semenic in den gleichnamigen Bergen, der auch als Sommerfrische großen Charme hat. Und wenn man schon mal da ist, sollte man unbe-

dingt auch die einzige Großstadt im Umkreis, die «Märtyrerstadt» Timișoara (Temeswar), besuchen.

FLACKERNDE KERZEN

Frische Blumen und gebundene Kränze zieren die Ehrenkreuze in der Stadtmitte. Sie erinnern an die Massaker, die der berüchtigte rumänische Geheimdienst hier unter den friedlichen, meist jungen Demonstranten im Jahr 1989 angerichtet hat. Begegnungen mit der Securitate, deren Handlanger um alles

andere als die Sicherheit der Bürger besorgt waren, wird man nie vergessen, schrieb Herta Müller. «Wer heute sagt, er habe es verdrängt, der lügt.»

Timişoara-Besucher sollten den römisch-katholischen Dom, einen mächtigen barocken Sakralbau, die serbisch-orthodoxe Kirche gleich gegenüber, ebenfalls im Wiener Barockstil gehalten, die rumänisch-orthodoxe Kathedrale mit ihrer bunten Dachmusterung und die Staatsoper am Siegesplatz besichtigen. Überall treffen sie dort auf brennende Kerzen, die jeweils darauf verweisen, wo die Securitate gewütet hat. Es ist wich-

... wird die Siedlungsgeschichte von Sibiu in Siebenbürgen lebendig.

43

Fortsetzung Seite 49

VOM «BARBARENLAND» ZUM RUMÄNISCHEN STAAT

Dieser Römer wollte eigentlich nicht hierher ins «Barbarenland» am Schwarzen Meer. «So nehm doch ein Wechsel des Orts meiner Verbannung die Qual!», klagte Publius Ovidius Naso, besser bekannt als Ovid, noch Monate, nachdem ihn sein

eben nicht geplündert. Denn Rom wollte Kolonisten ansiedeln, wollte diese fruchtbare Meeresküste sowie Stück für Stück alles, was den heutigen Staat Rumänien ausmacht, romanisieren. Doch dafür sollten die Kaiser Domitian und Trajan nach

1

Kaiser Augustus im Jahr 8 unserer Zeitrechnung nach Tomis, ins heutige Constanţa, abgeschoben hatte. Der im ganzen Römischen Weltreich gefeierte Dichter hatte sich eines Vergehens gegen die Kaiserfamilie schuldig gemacht. Das musste er bis zu seinem Tod im Jahr 17 n. Chr. an «Donaus wildem Gestad» büssen. Wobei er sich dank seines Reichtums in der damals neuen Provinz Moesia durchaus behaglich einrichten konnte. Seine Landsleute, einfache Soldaten und kleine Landbesitzer, durchlebten hier sicher härtere Zeiten. Zumal gerade die Militärs ständig auf der Hut sein mussten, nicht in weitere Scharmützel mit diesen unbeugsamen Einheimischen, den Dakern, zu geraten. Die hatte man in den Jahrzehnten zuvor nach langen Kämpfen schon einmal über die Donau nach Norden drängen können. Die reichen Schwarzmeer-Handelsstädte Istros (Histria), Kallatis (Mangalia) und eben Tomis, die einst von Griechen gegründet worden waren, hatte man erobert, aber

Ovids Tod in den dakisch-römischen Kriegen noch ein hartes Stück Kampfesarbeit vor sich haben. Vielerorts saßen noch Einheiten Unbesiegter, die den Eroberern das Leben schwer machten.

Erst im Jahr 102 bei Adamclisi in der Küstenebene gelang der erste entscheidende Römersieg. Ein glücklicher Trajan ließ im Angesicht des Triumphes sofort ein monumentales Siegesmal mit eingemeißelten Schlachtszenen dorthin bauen. Im fernen Rom arbeiteten Künstler ebenfalls Kriegsmotive in die berühmte Trajanssäule ein. Vier Jahre später waren durch die Schlacht bei der dakischen Hauptstadt Sarmizegetusa Regia im heutigen Transsilvanien endgültig die Würfel gefallen. Von nun an wurden mit dem Knowhow der Weltmacht Städte wie Apulum (Alba Iulia), Napoca (Cluj) oder die neue Hauptstadt Sarmizegetusa Ulpia Traiana aus dem Boden gestampft. Wasserleitungen, Bäder und Amphitheater entstanden – und die römische Kultur verband

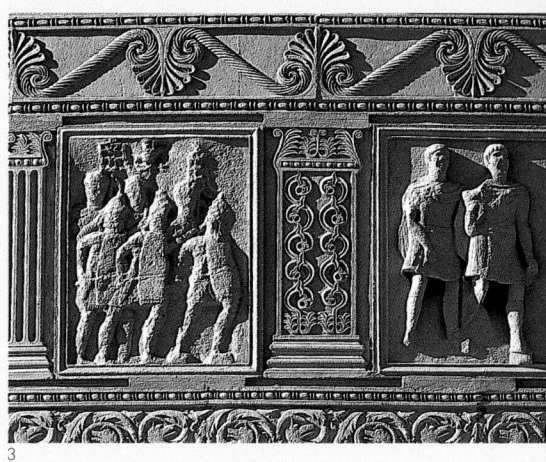

3

sich alsbald aufs Beste mit der dakischen. Denn die war keineswegs so niveaulos, wie es ein anfangs demoralisierter Ovid in seinen berühmten «Tristia» (Lieder von der Trauer) oder «Epistulae ex Ponte» (Briefe vom Schwarzen Meer) geklagt hatte.

Schon Jahrhunderte zuvor hatte sich ein anderer Weltbürger, nämlich Herodot, vom Kulturgut dieses indoeuropäischen Volkes beeindruckt gezeigt. Nun, um die Zeitenwende herum, fand alsbald auch Ovid Gefallen an den Einheimischen, in

6

4

5

1. Erschlagen 1601 im kaiserlichen Auftrag: Michael der Tapfere, erster Einiger des rumänischen Reiches. – 2. Ferdinand I., König von Rumänien (1914–1926), mit seiner Frau (Foto um 1915). – 3. Relieftafel vom Trajansmonument in Adamclisi. – 4. Fürstenstatuen in Iaşi an der Grenze zur Moldau: Stefan der Große (1457–1504) und Michael der Tapfere. – 5. Mircea der Alte, Woiwode der Walachei (1386–1418). – 6. Nicolae Ceauşescu (1965–1989) am 24. November 1989 auf dem Parteitag in Bukarest.

Mangalia. Oder in den Ausgrabungen von Histria, dessen Hafen in den nachrömischen Jahrhunderten versandet war.

Oder eben direkt am Ort der Schlacht von Adamclisi, die das Schicksal des späteren Rumäniens mitentscheiden sollte. Sicher ist das dort nachgebaute kolossale Siegesmal eine einzige Manifestation des damaligen römischen Eroberungswillens. Aber auf den im Museum von Adamclisi ausgestellten Originalreliefs ist auch der kulturelle Reichtum der unterlegenen Daker zu studieren. Und dazu manches aus der Zeit zu erspüren, die aus römischen Kolonisten und einheimischen Hirten schließlich Menschen mit einer gemeinsamen romanischen Sprache und Kultur machte. Vlad Ţepeş (um 1430–1476/77), der literarische

«Dracula», und Stefan III. (1457–1504), den man «den Großen» nannte, waren wichtige Fürsten und Heerführer auf diesem Weg. In vorderster Linie widerstanden sie den Türken und machten die Region zum Bollwerk des christlichen Abendlandes. Aber noch war es eine lange wechselvolle Geschichte bis zur eigentlichen Staatsbildung 1877. Vier Jahre darauf wurde der ins Land geholte Fürst Karl von Hohenzollern-Sigmaringen als Carol I. König des neuen Vielvölkerstaats Rumänien, der mit wachsenden ethnischen und sozialen Problemen, aber auch mit einer zunehmend schwierigeren außenpolitischen Situation zu kämpfen hatte.

Am Ende stand ein faschistisches Regime und – nach dem Zweiten Weltkrieg – ein totalitäres kommunistisches Ein-Parteien-System, seit 1965 unter der zunehmend bizarren Herrschaft Nicolae Ceauşescus, der nach der Wende im Ostblock durch revolutionäre Unruhen gestürzt und im Dezember 1989 hingerichtet wurde.

deren Sprache er sogar Verse schmiedete. Leider ist seine dakische Dichtung heute nicht mehr erhalten. Dafür findet der Reisende des 21. Jahrhunderts gerade an der Schwarzmeerküste auf Schritt und Tritt noch Spuren dieser Epoche: dakische Reiterfiguren, griechische Tempelanlagen und römische Mosaiken. Etwa in den beiden Ex-Handelszentren Constanţa und

Die Kirchenburg in Valea Villor (Wurmloch).

tig, aus der Vergangenheit zu lernen, doch sollte man vor allem nach vorne schauen. Davon ist jedenfalls Elfriede Munteanu überzeugt, eine Siebenbürger Sächsin, die trotz Ausreisemöglichkeit nach Deutschland in

Die Nachfahrin «sächsischer» Einwanderer aus den Rhein- und Moseltälern ist mit einem rumänischen Ingenieur verheiratet. «Noch meine Mutter hätte dafür vom Dorf kaum den Segen erhalten.» Hinter diesen

Europäisches Flair in den transsilvanischen Metropolen Cluj (Klausenburg – oben) und Braşov (Kronstadt – unten).

der angestammten Heimat geblieben ist. Elfriede zeigt auf die vielen neuen, meist privat betriebenen Geschäfte, die nun wieder eine breite Palette an Lebensmitteln, Textilien und sogar Luxuswaren anbieten. Die ehemalige Lehrerin setzt ihre Hoffnung in die Jugend, die in diesem Land erstmals seit vielen Jahrzehnten das Glück hat, selbstbestimmt in einem liberalen System aufzuwachsen: «Sie ist unsere Zukunft.»

Im Herzen von Braşov (Kronstadt): der ehemalige Rathausplatz.

Worten ahnt man die Konsequenzen, die noch vor nicht allzu langer Zeit entstanden wären, wenn man aus der engen Sprach-, Kultur- und Konfessionsgemeinschaft ausgebrochen wäre. Heute sei ein friedliches «Miteinander der Völker» überall selbstverständlich und selbst im engsten Familienkreis kein Problem. Die Schatten der Vergangenheit scheinen längst verblasst. Dennoch sorgt Elfriede dafür, dass die eigenen Kinder das alte Siebenbürger Sächsisch nicht verlernen. «Bei uns wird man von der Wiege bis zur

Im monumentalen «Haus des Volkes» in Bukarest ...

... tagt heute das rumänische Parlament unter dem Kronleuchter.

Die Universitätsbibliothek von Bukarest wurde 1989 stark beschädigt.

Bahre mehrsprachig betreut.» Elfriede erzählt von den Kindergärten und Altenheimen, von den Zeitungen, Radiosendern, Theatern, Schulen, sogar Universitätsfakultäten in Rumänisch, Deutsch und Ungarisch.

In den Sommermonaten jobbt Elfriede als Reiseleiterin für deutsche Besucher Siebenbürgens. Jetzt ist sie im «Heidelberg der Karpaten» unterwegs, dem einst von den «Sachsen» erbauten UNESCO-Weltkulturerbe Sighişoara (Schässburg) am Târnava-Fluss. In der hoch auf einem Hügel gelegenen und von dicken Mauern geschützten Altstadt spaziert ihre Gruppe durch uralte Gassen mit Kopfsteinpflaster und schiefwinkligen Häusern, vor denen altersschwache Trabis parken.

Nebenan ertönt das Uhrwerk des trutzigen Stundturms, in dem sich einst die Munitions- und Schatzkammern der Stadt verbargen. «Wenn man sich das malerische und freundliche Sighişoara anschaut, denkt man eigentlich nicht gleich an schaurige Dracula-Geschichten», meint die Reiseleiterin vor dem Geburtshaus des historischen «Vampir»-Fürsten Vlad Ţepeş. Zumal die Schässburger die Errichtung des umstrittenen Vergnügungsparks «Dracula-Land» auf ihrem Terrain erst einmal erfolgreich abgewehrt haben (siehe Seite 34 f.). «Sighişoara wirkt eher romantisch und ist beispielhaft für eine Jahrhunderte währende Koexistenz der Völker», fährt Elfriede fort.

VIELVÖLKERREGION TRANSSILVANIEN

Dann weist sie auf die vielerorts aufgestellten Kapitolinischen Wölfinnen hin, an deren Zitzen sich Remus und Romulus laben. «Die sind schon ziemlich absurd», kommentiert Elfriede die bronzenen Gruppen mit ihrer importierten Symbolik. Ceauşescu hatte zu seiner Zeit beschlossen, die römisch-rumänische Vergangenheit dieser Vielvölkerregion besonders anschaulich zu machen. Und dafür waren ihm die römischen Wölfinnen gerade recht. Durchaus groteske Züge nehme auch das Tauziehen extremer Gruppen in Cluj (Klausenburg/Kolosvar) an, meint die Reiseführerin. Von ungarischen Hitzköpfen herausgefordert, hatten da rumänische Enthusiasten vor der orthodoxen Kathedrale und dem Opernhaus in einer Nacht- und Nebel-

Die 1722 erbaute Creţulescu-Kirche auf der Siegesallee in Bukarest.

Fortsetzung Seite 56

Die «Sixtinische Kapelle des Ostens»: Kloster Voroneţ.

MEHR ALS «BIBELN FÜR DIE ARMEN»

Höchst sehenswert und von internationalem Rang: Die fünf von außen bemalten spätmittelalterlichen Moldauklöster Humor, Voroneṭ, Moldoviṭa, Suceviṭa und Arbore gehören zum Weltkulturerbe. Das «Buch der Bücher» zum Anschauen.

Stefan den Großen würde es freuen: Wenn der mächtige Moldaufürst im heutigen Rumänien nach dem Rechten schauen könnte, würde der mutige Heerführer und geschickte Realpolitiker des 15. Jahrhunderts hier im äußersten Nord-

osten des Karpatenstaats, in der Bukowina, auf einen ganzen Schatz von Klöstern und Kirchen treffen, die ihm ihre Existenz verdanken. Da Stefan sich ständig mit den immer wieder vorrückenden Osmanenheeren auseinander setzen musste, ließ er sich zwei Dinge zur Regel werden: Nach jeder gewonnenen Schlacht fastete der gottesfürchtige Mann vier Tage und ließ mindestens eine neue Kirche zum Lobe des Herrn bauen.

Sein Nachfolger Petru Rareş, aber auch andere Würdenträger am moldauischen Fürstenhof, eiferten Stefan in den kommenden Jahrzehnten kräftig nach, so dass rund um die damalige Hauptstadt Suceava ein Ring eindrucksvoller Sakralbauten entstand, von dem sich manch schmucker Bau bis heute erhalten hat – vor allem westlich von Suceava, nahe der heutigen

Grenze zur Ukraine. Das 1488 von Stefan noch selbst angelegte Kloster Voroneṭ etwa würde er zweifellos gleich wieder erkennen: besonders dessen steil in den Himmel aufragendes Gotteshaus mit den blendarkadengeschmückten Apsiden und Turmgeschossen. Das Kompakte der rein byzantinischen Vorbilder der Zeit wurde hier mit architektonischer Finesse ins Leichte, fast Schwebende aufgelöst.

Und noch etwas zeichnet das Gotteshaus von Voroneṭ wie auch seine nahen vier Schwesterkirchen aus: die Freskenbemalung des 16. Jahrhunderts am Außenbau. Ein riesiges Bild der «Wurzel Jesse» zeigt den Stammbaum Christi auf blauem Grund. Dazu Heiligenlegenden, Mönche und Propheten, das Jüngste Gericht. Das alles in Farben, deren Zusammensetzung man bis heute noch nicht vollständig kennt. Stundenlang könnte man diese gemalten Bibelszenen anschauen, so wie es früher die Menschen getan haben, die das Buch der Bücher nicht lesen konnten. «Bibeln für die Armen» hat man diese Fresken deshalb später auch genannt.

Ganz ungewöhnlich sind die Außenfresken an den Klöstern der Süd-Bukowina aus dem 15. und 16. Jahrhundert. – 1. und 3. Rottöne dominieren die Bildzyklen im Kloster Humor innen und außen. – 2. Kloster Suceviṭa: Einst Bollwerk gegen die Osmanen, heute ein besonders schönes Beispiel für farbige Bibelszenen am Außenbau. – 4. Ikone im 1470 erbauten Kloster Putna. – 5. Mönch aus einem Moldaukloster. – 6. Die Westwand des Klosters Voroneṭ (erbaut 1488) bedecken Szenen des Jüngsten Gerichts.

Fürst Stefan würde sicher auch zum Nonnenkloster Humor reiten mit ebenso prächtigen Außenfresken oder nach Arbore. Oder auf serpentinenreicher Bergstrecke nach Moldoviţa und Suceviţa. Dicke Wehrmauern und trutzige Türme zeigen deutlich, dass diese Klöster nicht nur zum Preis Gottes, sondern auch ganz unmittelbar als Bollwerk gegen die Türken dienten. Hier konnten die Schätze der Ostkirche bewahrt werden, nachdem sogar Konstantinopel gefallen war. Und hierhin zogen sich nach Stefan auch die anderen Moldaufürsten zurück, wenn sie wieder einmal in die Defensive geraten waren. Sie konnten nicht ahnen, dass diese Hinterlassenschaft einmal zum Weltkulturerbe der UNESCO gehören würde.

An das gegenüberliegende Donauufer bei Ostrov grenzt Bulgarien.

aktion eine derart grobschlächtige Avram-Iancu-Figur auf einen Sockel gesetzt, dass sofort der Volksmund damit sein frivoles Spiel trieb: Ein rechtes «Phantom vor der Oper» sei der arme Avram. «Spott aber würde der rumänische Volksheld, der 1848 mit Bravour gegen die Türken und Russen kämpfte, nun wirklich nicht verdienen», gibt Elfriede ironisch zu verstehen.

Eine Pferdestärke: Maisernte wie in alten Zeiten in der Dobrudscha.

Als Elfriede ihre Touristengruppe auch in ein typisches transsilvanisches Roma-Dorf führt, macht sich ein wenig Enttäuschung breit: Keine Zigeuner-Roman-

Weiß-blaue Hausfassaden sind typisch für die Dobrudscha-Region.

Auf ihrem Transsilvanien-Programm stehen natürlich immer auch die schönen und geschichtsträchtigen Städte Braşov (Kronstadt), Sibiu (Hermannstadt), die angebliche «Dracula»-Burg Bran (Törzburg) und die Kirchenburg-Städte von Biertan (Birthälm), Prejmer (Tartlau) sowie Apold (Trappold). «Den Besuchern gefällt besonders, wie die Sachsen früher Wehrring um Wehrring um ihre Siedlungen auftürmten, um sie vor den immer wieder anstürmenden Feinden zu schützen. Noch heute sind diese Festungswälle im Plan so mancher rumänischen Stadt ablesbar.»

tik, keine malerisch bunten Gewänder. Die Bewohner tragen moderne Trainingsanzüge. Im 15. Jahrhundert waren ihre Vorfahren aus Indien eingewandert. Ungefähr drei Millionen Roma – das Wort «Zigeuner» empfinden sie nicht als diskriminierend – leben im Karpatenland, viele von ihnen haben das Nomadenleben aufgegeben und sind sesshaft geworden.

«Die Roma sind die größte Minderheit in Rumänien und längst integriert», sagt Elfriede. «Sie arbeiten als Händler oder sind hervorragende Musiker.» Fast jede rumänische Folkloreband hat mindestens einen atemberaubend spielenden Zigeuner-Geiger. Und auch Maria Tănase sang traditionelle Roma-Lieder wie diese herzzerreißende Weise:

«Meine Liebste, drei Feuer brennen auf der Welt,
Und kein einziges brennt richtig,
meine Liebste, wie mein Herz in Feuern brennt.
Lodert, lodert und verlischt nicht mehr.
Meine Liebste, mir verbrennt mein Herz
Und hat keinen Mund zum Schreien.»

Roma, die weiter als Nomaden durchs Land ziehen, würden wohl jedem modernen Staat zu schaffen machen, meint Elfriede. In Bukarest seien mit dem Segen der EU Bildungs- und Integrationsprogramme eingeleitet worden. Die müssten doch die gegenseitigen Vorurteile in Zukunft abbauen helfen, hofft die Siebenbürger Sächsin, ebenso wie viele Bewohner der Dobrudscha, jener Region am Schwarzen Meer, wo sich die Roma im Lauf der letzten Jahrhunderte ebenfalls ansiedelten.

«Für mich ist es selbstverständlich, Roma unter meinen Kollegen zu haben», berichtet auch Victor Popa, der als Projektplaner in Constanţa arbeitet. Für Constanţa am Schwarzen Meer, das antike Tomis, ist als inzwischen zweitgrößte Stadt des Landes die Bauwirtschaft von großer Bedeutung. Jahr für Jahr schießen neue Wohnzentren und Büros aus dem Boden. Auch die touristische Infrastruktur wächst in der Umgebung dieser Hafenstadt in rasantem Tempo. An den Küsten

In den Straßen grüßen die steinernen Zeugnisse griechischer und genuesischer Seefahrer, einheimischer Daker sowie römischer und osmanischer Eroberer: Leuchttürme, Statuen, Mosaike, Sarkophage, Kirchen und Moscheen. Wo sich im Jahr 8 n. Chr. der Weltbürger Ovid zum Disput mit den gebildeten Bürgern der damaligen Römerprovinz Moesia traf, diskutieren heute in Künstlertreffs, Privatbuchhandlungen und Internetcafés Studenten und Literaten, Maler und ihre Musen. Und wo einst die römischen Statthalter in Orgien schwelgten, da wird heute ausgelassen in Diskotheken und Nachtclubs gefeiert.

An historischen Sehenswürdigkeiten zumindest herrscht in der Nähe von Constanţa kein Mangel. Als Beispiele nennt Victor die antike Ruinenstadt Histria,

Ein betagter Fischkutter steuert durch das Donaudelta.

Vorsicht Gräten! Fisch mit Maismehlbrei hat in Letea Tradition.

von Mamaia, Neptun, Saturn sonnt sich der Großteil aller internationalen Sommergäste. «Da warten noch viele Aufgaben auf uns.» Victor schaut versonnen aber tatendurstig in die Ferne.

In dem Constanţa vorgelagerten Seebad Mamaia mit seinem kilometerlangen, breiten Naturstrand hat Victors Firma unlängst eine Park- und Konzertanlage realisiert, die mit ihren sprudelnden Fontänen und grünen Palmen für mediterranes Flair sorgt. Wer in Constanţa etwas auf sich hält, der lädt hierher in eines der peppigen Restaurants mit internationaler Küche ein. Wobei Victor durchaus zugibt, dass er sich in einem der urigen Fischrestaurants am Hafen oder in einem Hiphop-Szene-Lokal doch wohler fühlt.

das römische «Siegesmal von Adamclisi» oder die noch fast unbekannte Höhlensiedlung von Basarabi aus dem 9. Jahrhundert. Auch im berühmten Donaudelta, der Heimat von Pelikanen sowie vielen anderen seltenen Vögeln, das man von Constanţa aus leicht erreichen kann, wartet noch eine ganze Reihe von römischen Ruinen und alten Klöstern, mit denen westliche Länder längst touristisch Staat gemacht hätten, auf ihre Entdeckung. Der ehrgeizige junge Mann und seine Mitstreiter werden also im zukünftigen Rumänien noch einiges zu tun haben. Es muss ja nicht gleich wieder ein «Dracula-Land» sein.

Letzte Ruhe für Christen, Juden und Moslems in Sulina.

WO NOCH
PELIKANE KREISEN

*Das Donaudelta ist mehr als eine Flussmündung:
Ein noch weitgehend intaktes Ökosystem, eine Welt aus Wasser und
Land, aus Schilf und Inseln mit ganz eigenen Lebensformen von
Mensch und Tier. Ein Paradies für den «sanften» Tourismus.*

Für Ana Timofte ist heute ein großer Tag. Ihre Enkelin Cristina hat geheiratet und wird aus der schilfgedeckten Kate im Donaudelta in eine moderne Eigentumswohnung in der Hafenstadt Tulcea ziehen. Cristina habe, so Ana, das große Los gezogen – und doch würde gerade

Europas durchaus gelegen. Auf rumänischem Gebiet umfasst das Land-Wasser-Dreieck aus Schilfinseln und Binnenseen, Lagunen und Sümpfen, Eichenwäldern und Dünengebieten fast 4500 Quadratkilometer. Es beherbergt mit über dreihundert Arten die reichhaltigste Vogelpopula-

1

die Großmutter mit der Enkelin nicht tauschen wollen: Ana, die zeit ihres Lebens samt Familie nicht mehr als einen Wohnraum zur Verfügung hatte. Statt zwischen Spülmaschine und Fernseher pendelt Ana auch auf ihre alten Tage noch lieber zwischen Waschtrog und Bollerofen hin und her. Und bis Anas Mann vom Fischfang und seinen Bienenstöcken hungrig heimkehrt, wollen draußen noch das Kleinvieh und der Gemüsegarten versorgt werden. Ana Timofte, mit Sommersprossen, blauen Augen und einst rotblondem Haar, gehört jener lipowenischen Minderheit an, die hier in Rumäniens Donaudelta die «große Freiheit» lebt, oder doch wenigstens versucht, die neue Zeit zu ignorieren. Dabei kommt den knapp 15 000 Menschen die Weite dieses zweitgrößten Flussdeltas

tion der Erde, besitzt mit 240 000 Hektar auch die kompakteste Schilflandschaft und wächst ungezähmt jährlich um gute 40 Meter ins Schwarze Meer hinein. Hier kann man sich mal wie in einem Urwald, mal wie auf einer einsamen Insel oder auch auf einer Wüstentour fühlen.
Wo einst Perserkönig Darius und Alexander der Große auf Eroberungszügen segelten, lassen sich heute friedliche Gäste in die Wasserwildnis locken. Mit Touristenschiffen geht es auf dem 72 Kilometer langen Donauarm Sulina bis zum gleichnamigen Hafenstädtchen am Schwarzen Meer. Oder nach 104 Schiffskilometern auf dem nördlichsten Chilia bis ins ukrainische Grenzgebiet. Beliebt ist auch der Kurs durch den südlichen Sfântu Gheorghe, der nach 112 kurvenreichen Kilometern ins

3

Als eine der größten Schilflandschaften der Erde bietet das Donaudelta Lebensraum für mehr als dreihundert Vogelarten (1., 2., 4. und 5.). – Neben Ausflugsschiffen für Touristen (3.) sind auch viele Fischer mit ihren Booten (6.) auf dem Flussdelta unterwegs. Die Fischbestände gehen allerdings zurück.

5

6

4

Meer mündet. Am Himmel sieht man Kraniche und die weltweit seltenen Krauskopfpelikane ihre Kreise ziehen. Im blaugrünen Wasser gibt es Barsche, Zander und Karpfen, und die allgegenwärtigen Frösche quaken, was das Zeug hält. Die sichtbare Natur scheint noch intakt.

Vielleicht kommt man auf einer Deltafahrt dann an der idyllisch gelegenen Kate der Timoftes vorbei, die hier wie ihre Vorfah-

ren im Einklang mit der Natur zu leben versuchen. Doch ihre Welt ist bereits gefährdet: Anas Mann zieht immer weniger Fische aus dem Wasser, sein Honig wirft zu niedrigen Gewinn ab. Die Provinzbehörde plagt sich weiter mit den Folgen einer verfehlten Delta-Politik kommunistischer Jahrzehnte. Und die Industrialisierung birgt auch heute noch kaum abzuschätzende Gefahren für die Wasserwild-

nis. Seit allerdings Teile des Deltas zum UNESCO-Biosphären-Reservat erklärt wurden, überwachen internationale Experten mit zunehmendem Erfolg die Umweltverträglichkeit aller Maßnahmen.

Zwar verstehe sie nicht immer, was diese Wissenschaftler da trieben, meint Ana. Doch wenn sie dafür sorgen würden, dass der Plastikmüll wilder Camper verschwinde, sei sie zufrieden. Und Cristina ergänzt, dass die Regierung künftig den Tourismus als wichtigste Einnahmequelle im Delta fördern wolle. Allerdings solle es umweltschonender «sanfter» Tourismus sein, keine Motorboote, die durch die Brutstätten der Wandervögel knattern, das würde den ökologischen Tod dieser einmaligen Landschaft besiegeln. Großmutter Ana kann sich ein Lächeln nicht verkneifen: «Das würde sich das Delta auch gar nicht gefallen lassen», sagt sie, und ihre blauen Augen blitzen. Denn wer ohne Ortskundigen in das Schilfdickicht hineinfahre, der komme da nicht mehr lebend heraus. Die Natur räche sich eben auf ihre Weise.

Im letzten Licht schimmert der Furtung-See im Donaudelta.

Einzigartige Flora und Fauna: das Donaudelta.

INHALT

Allgemeine Informationen	66	Unterkünfte	69	Lieder der Einsamkeit	71

Allgemeine Informationen 66
Karte Rumänien 67
Auskunft 67
Anreise 68

Unterkünfte 69
Die beste Reisezeit 69
Die lange Trauer der Poeten 70
Souvenirs 71
Sport 71

Lieder der Einsamkeit 71
Sehenswerte Orte von A bis Z 72
Deutsche Pioniere mit Eigensinn 74
Brâncuşis endlose Säule 84
Russisch nicht gefragt 87

Die himmelstürmende Holzkirche von Bârşana mit ihrem Schindeldach ist typisch für die Maramuresch.

ALLGEMEINE INFORMATIONEN

Rumänien wird vom Unterlauf der Donau, vom Schwarzen Meer und von den Westkarpaten umgrenzt. Das bedeutet höchst unterschiedliche Landschaftsformen hier im Südosten Europas: Flussniederungen mit sumpfigen Gebieten; Tafelländer, die einst die Kornkammern Osteuropas waren; Bergketten, deren höchste schneebedeckte Gipfel sich bis zu 2500 Meter in den Himmel erheben, und ein mit vielen Seen durchwirkter Küstenstreifen. Unmittelbare Nachbarn Rumäniens sind Serbien, Bulgarien, die Ukraine, die Republik Moldova und Ungarn. Die Fläche des heutigen Karpatenstaats entspricht etwa der der Bundesrepublik Deutschland vor der Wiedervereinigung. Knapp 22 Millionen Menschen wohnen hier heute, ein Völkergemisch, das seit vielen Jahrhunderten relativ friedlich zusammenlebt: mehrheitlich Rumänen sowie starke ungarische, deutsche, slawische, türkische und Roma-Minderheiten. Seit dem Ende des 19. Jahrhunderts – solange besteht der rumänische Staat – hat es niemals Bürgerkrieg gegeben. Von diesem Land ging auch nie ein überregionaler Krieg aus. Welcher Vielvölkerstaat kann das heute schon von sich behaupten? Rumänien lässt sich geo-

Vitaminreiches auf dem Markt von Tulcea.

Schloss/Burg
Archäologische Stätte
Sumpfgebiet

UKRAINE
Mukačeve
Briceni
REPUBLIK
MOLDOVA
Černivci
Putna 26
33 Suceviţa 3
Botoşani
Miskolc
27 30
Săpânţa
Sighetu
Marmaţiei
Moisei
21 Moldoviţa 22
Süd-Bukowina
Voroneţ Humor 17
Iaşi 18
Chişinău
Maramuresch
Satu
Mare
Baia
Mare
38
Neamţ
22
Târgu Neamţ
Agapia
Nistru
Odesa
Debrecen
Carei
Bistriţa
37 Vatra
Dornei
2
Roman
Huşi
UNGARN
Dej
Piatra
Neamţ
Bacău
Prut
UKRAINE
Aleşd
Huedin
11 Cluj
(Klausenburg)
Gheorgheni
Bârlad
Oradea
(Großwardein)
Turda
Târgu Mureş
(Neumarkt)
Oneşti
Adjud
Körös
Beiuş
10
Sighişoara
(Schässburg) 31
Siebenbürgen
(Transsilvanien)
Focşani
Galaţi
Szolnok
Câmpeni
Bierten
5
Szeged
Arad
Hălmagiu
Alba Iulia
Sibiu
(Hermannstadt)
24 7 Braşov
(Kronstadt)
Brăila
Tulcea
Deva
29
Poiana Braşov
6
Predeal
25
Buşteni
9
Buzău
Dobrudscha
Timişoara
36
Lugoj
Transsilvanisches
Eisernes Tor
Bran
(Törzburg)
23 Sinaia 32
Peleş
Buzău
Deta
28
Sarmizegetusa
Caransebeş
Petroşani
13
Cozia
14 Curtea de
Argeş
34 Târgovişte
Câmpina
Ploieşti
Urziceni
Feteşti
Histria
15
Vršac
Reşiţa
4
Băile
Herculane
Târgu Jiu
35
16
Horezu
Râmnicu
Vâlcea
Pitesti
Argeş
20 Mogoşoaia
19
Mamaia
Constanţa
12
Eisernes Tor
Drobeta
Turnu Severin
Slatina
BUCUREŞTI
(BUKAREST)
8
Călăraşi
Adamclisi
Mangalia
BEOGRAD
(BELGRAD)
Craiova
Giurgiu
Ruse
Donau (Dunărea)
SCHWARZES
Varna MEER
SERBIEN
Calafat
Alexandria
Šumen
BULGARIEN

grafisch und kulturgeschichtlich in sechs Regionen aufteilen: (1) die Walachei mit der Hauptstadt Bukarest im Süden; (2) der Schwarzmeer-Küstenstreifen Dobrudscha mit der zweitgrößten Stadt des Landes, Constanţa, und dem Donaudelta im Südosten; (3) die Moldau mit der «Kulturhauptstadt» Iaşi im Nordosten; (4) die ländliche Maramuresch im Norden; (5) Transsilvanien oder auch Siebenbürgen mit den Großstädten Cluj, Sibiu und Braşov sowie (6) das Banat mit seinem Zentrum Timişoara im Westen.

Seit dem vierten Jahrhundert sind die Bewohner des Karpatenlandes Christen. Mehrheitlich gehören sie der orthodoxen Konfession im Rahmen der selbstständigen rumänisch-orthodoxen Kirche an. Besonders in Transsilvanien und dem Banat gibt es auch katholische und evangelische Gemeinden. Angehörige der jüdischen Minderheit sind nach dem Zweiten Weltkrieg fast vollständig ausgewandert.

Politisch ist das Land nach vier harten Jahrzehnten Kommunismus seit 1990 eine parlamentarische Demokratie mit einem Staatspräsidenten und einem Premierminister an der Spitze. – In Rumänien gilt die mitteleuropäische Zeit plus eine Stunde.

AUSKUNFT

In folgenden Fremdenverkehrsbüros kann man sich vor der Reise informieren:

In Deutschland: Budapester Straße 20a, 10787 Berlin, Tel. 030 2419041, Fax: 24725020.

In der Schweiz: Schweizergasse 10, 8001 Zürich, Tel. 01 2111730, Fax: 2111745.

In Österreich: Währingerstr. 6-8, 1090 Wien, Tel. und Fax: 01 3173157.

Informationen im Internet: www.rotravel.com oder www.bucurestiwww.ro oder www.romaniantourism.ro.

In praktischen Fragen behilflich sind auch Spezialveranstalter für Rumänien-Reisen

An der Schwarzmeerküste in Mangalia.

wie: Karpaten Tours GmbH, Düsseldorf, über www.karpaten-tours.de; Intertouring, Frankfurt, über www.intertouring.de; Sofrone Messerschmidt-Reisen, Berlin, über www.messerschmidt-reisen.de.

Im Land selbst sind in den letzten Jahren viele zuverlässige und fremdsprachige Touristenbüros aus dem Boden geschossen, die von der Information über die

Das Dorf Moisei liegt idyllisch in den Hügeln der Maramuresch.

Hotelbuchung bis zur Rundfahrtenvermittlung und zur Organisation von Konferenzterminen alles bieten: zum Beispiel J'Info Tours Travel Agency, Bukarest, über www.rotravel.com/agencies/jinfotur oder Danubius Travel Agency, Constanța, über www.danubius.ro; in allen Städten: Simpa Turism über www.simpaturism.ro.

ANREISE

Mit internationalen *Fluggesellschaften* bzw. der größten rumänischen Fluglinie Tarom kann man von den großen Flughäfen der Welt aus insbesondere nach Bukarest-Otopeni, aber auch nach Timișoara, Iași, Satu Mare, Arad, Cluj, Sibiu und – in den Sommermonaten – nach Constanța-Mihai Kogălniceanu fliegen. Die Flugdauer von Deutschland, Österreich und der Schweiz aus beträgt im Allgemeinen nicht mehr als zweieinhalb Stunden.

Mit der *Bahn* erreicht man von den Großstädten Westeuropas aus alle Städte Rumäniens. Für die Fahrt z.B. von Frankfurt nach Bukarest-Nordbahnhof muss man von rund 30 Stunden ausgehen.

Auf der Donau fahren *Schiffe* bis Constanța am Schwarzen Meer (Informationen z.B. über www.danube-river.org oder www.delphin-cruises.com).

Organisierte *Bustouren* nach Rumänien vermittelt z.B. Intertouring, Frankfurt, über www.intertouring.de. – Mit dem *PKW* fährt man über die Europastraßen E75 und E60 über Ungarn nach Rumänien. Dabei sollte man bedenken, dass in Rumänien der Straßenzustand nicht mit dem westeuropäischen Standard zu vergleichen ist. Erst allmählich werden Autobahnen gebaut; holprige Landstraßen sind die Regel. Aktuelles zur Routenführung

bzw. zur Befahrbarkeit der Straßen erfährt man über die nationalen Automobilclubs oder direkt über den Rumänischen Automobilclub ACR (www.acr.ro).

Für die Einreise nach Rumänien benötigt man einen noch drei Monate gültigen Reisepass. Seit Anfang 2001 benötigen Staats-

Mit Volldampf: Waldbahn in Vișeu de Sus.

vor Ort möglichst beim privaten Touristenbüro. Jugendherbergen nach westeuropäischem Standard sind noch selten in Rumänien, naturnahe Campingmöglichkeiten aber vielerorts vorhanden. Allerdings sollte man an die Ausstattung (z.B. im Sanitärbereich) keine allzu großen Ansprüche stellen, sonst sind die privaten Gästehäuser (bzw. Pensionen) die bessere Wahl. Der Preisunterschied ist nur gering.

DIE BESTE REISEZEIT

Rumänien ist ein Reiseland für alle Jahreszeiten. Jeder Winkel des Landes hat seinen besonderen Reiz. Das gemäßigt kontinentale Klima bietet viele Möglichkeiten. Vor allem Frühling und Herbst eignen sich für Rundfahrten durch die verschiedenen Regionen, für Wandertouren in den Karpaten oder für Anglerferien im Donau-

Rustikal, gemütlich und zu empfehlen sind die privaten Unterkünfte im Valea Vinului (Weintal).

bürger der EU kein Visum mehr. Nicht-EU-Bürger erhalten ihr Visum an den jeweiligen Grenzübergängen problemlos, jedoch gegen Gebühr. Eine für Rumänien gültige Krankenversicherung wird dringend empfohlen.

UNTERKÜNFTE

Als Pauschaltourist hat man im Allgemeinen eine ordentliche Unterkunft gebucht. Für den Individualreisenden gilt die Grundregel, dass man sich möglichst eine Privatunterkunft besorgen sollte und die großen Bettenburgen sozialistischer Prägung besser meidet: Der Service ist selten erfreulich, der Standard auf Massenabfertigung angelegt. Deshalb ist selbst das kleine Familienzimmer in den Bergen oder die privat organisierte Camping-Gelegenheit in Siebenbürgen vorzuziehen. Entweder orientiert man sich vorher bei den jeweiligen Fremdenverkehrsämtern (s.o.) oder

Zwischen Tradition und Moderne.

Beim Hotel mietet man sich, wenn man Wert auf ein Mindestmaß an Service und Komfort legt, auf jeden Fall in einem nach rumänischem Standard bemessenen Drei-Sterne-Hotel ein. Die teuren, großen Luxusherbergen in Bukarest, Siebenbürgen und an der Küste, die vornehmlich von internationalen Gesellschaften betrieben werden, gleichen westeuropäischen Spitzenherbergen. Bezahlen kann man in den meisten Hotels inzwischen auch mit den gängigen Kreditkarten.

Wegweiser: Touristeninfo in Alba Iulia.

delta. Auch Städtereisende sollten diese Zeit für einen Besuch in Bukarest, Sibiu, Brașov, Cluj, Sighișoara oder Timișoara bevorzugen. Ausflüge zu den berühmten Moldauklöstern im Norden empfehlen sich von Mai bis September, ebenso Wandertouren in den einsamen Wäldern und Dörfern der Maramuresch oder Aufenthalte in den Kurorten des Banat und Transsilvaniens. In diese Monate fällt auch die Saison für Wasserratten an der Schwarzmeerküste. Im Winter fahren Ski-

DIE LANGE TRAUER
DER POETEN

Die Dichter haben es nicht leicht in Rumänien. Oft fanden sie kein Gehör,
mussten emigrieren oder erhielten Schreibverbot. Ihr größtes Handicap:
Die rumänische Sprache wird in der Welt von nur so wenigen verstanden.

Kerzengerade steht er vor der Philharmonie in Bukarest. Den Blick in die Ferne gerichtet, mit Löwenmähne, Charakternase und sinnlichen Lippen. Ein paar Dreikäsehochs bewerfen den jugendlichen Held aus Bronze mit Lehmklumpen. Und erzürnen damit zwei ältere

Noch jung und kaum gewürdigt, aber von seinen literarischen Nachfolgern bewundert. Es gibt bis heute kaum einen Vertreter der schreibenden Zunft in Rumänien, der sich nicht mit dem Oeuvre Eminescus auseinandergesetzt hat: Seine Zeitgenossen, der Dramatiker Ion Luca Caragiale

und die Erzähler Ion Creanga und Ioan Slavici. Oder der Poet Lucian Blaga, die Prosaisten Mihail Sadoveanu, Panait Istrati und Liviu Rebreanu sowie der Lyriker Tudor Arghezi, allesamt Schriftsteller, die zumindest bis zum Zweiten Weltkrieg noch in der Sicherheit einer langen Kulturgemeinschaft mit Westeuropa schreiben konnten.

Als dann der Faschismus zu Verfolgung und Emigration führte, als der Weltkrieg Europa verwüstete und schließlich der Eiserne Vorhang fiel, verlor die Literatur im Vielvölkerstaat viele ihrer Besten an Paris, an Berlin, an Wien und München: den Dadaisten Tristan Tzara, Lyriker wie Paul Celan und Rose Ausländer, den Dramatiker Eugène Ionesco, den Prosaisten Mircea Eliade.

Wer blieb, hatte in den folgenden Jahrzehnten dem kalten Wind des Sozialistischen Realismus standzuhalten: die Dichter Nichita Stănescu, Gellu Naum oder Ioan Alexandru. In deutscher Sprache Schreibende wie Herta Müller und Richard Wagner verließen das Land. Ihre rumänischen Kollegen Mircea Dinescu und Ana Blandiana litten weiter unter Veröffentlichungsverbot, um sich ersteinmal nach der Wende enthusiastisch der Politik zuzuwenden. Und junge Schriftsteller wie Mircea Cătărescu werden sogar international als Hoffnungsträger einer neuen Literatur gefeiert.

Wenn da nicht das Handikap aller Schreibenden seit Mihai Eminescu wäre: dass die rumänische Sprache in der Welt von nur so wenigen verstanden wird.

Damen, handelt es sich bei dem Standbild doch um Rumäniens Nationaldichter.

Mihai Eminescu wurde 1850 bei Botoșani geboren, einer kleineren Stadt in der Moldau. Als junges Genie konnte er sich als Redakteur gerade so über Wasser halten. Dabei zeugen seine ersten Verse von großen romantischen Gefühlen. Vorrangig geht es um Liebe und die Sehnsucht nach der «blauen Blume». Später entwickelte sich der Dichter zu einem wichtigen Wegbereiter moderner Lyrik. Die Expressionisten setzten sich mit seinen düsteren, ja dämonischen Bildern auseinander. Seine Gedichte mit ihrem musikalischen Rhythmus sind unverwechselbar, jeder Vers zeugt von gewaltiger Sprachkraft.

Knapp über dreißig wird der größte Dichter Rumäniens schwer krank, wahrscheinlich leidet er an der Syphilis. 1889 starb er.

1. Skeptiker und Kulturkritiker: der Philosoph Emile Cioran (1911–1995). – 2. Nationaldichter Mihai Eminescu; Foto von 1875. 3. Mircea Dinescu, Dichter, gilt in seiner Heimat als moralische Instanz (Foto 1999).

sportler, Langläufer, aber auch Alpin-Fans in die garantiert schneesicheren Karpaten. Wer Rumänien bereisen will, sollte folgende Faustregel beachten: im Sommer den heißen Bukarester Asphalt oder die mückenreichen Sumpfregionen der Donauniederung meiden, im regenreichen Spätherbst die Dörfer im Norden.

SOUVENIRS

Kaum ein Tourist kommt aus Rumänien zurück, ohne eine Panflöte, ein bunt gewebtes Tischtuch, eine gestickte Bluse, einen kunstvoll geflochtenen Weidekorb oder einen aus Holz geschnitzten Riesenlöffel. Aber auch Fußmatten aus Maisblättern oder Keramikwaren sollten nicht übergangen werden. Die Wintermonate über haben die Bauersfrauen aus den Karpatendörfern gehandarbeitet und gewerkelt, um ihre Produkte in der Saison den Touristen anzubieten. Die Traditionen des kunstvollen Holzschnitzens, Webens, Töpfern und Stickens sind in Rumänien weit zurückzuverfolgen. Leider überflutet immer mehr Nepp die Souvenirshops der Städte, Billigimportwaren aus dem Ausland. Wer auf Trödel nicht hereinfallen will, schaut sich in Galerien um oder in einem seriösen kunsthandwerklichen Laden, in der Verkaufsabteilung eines ethnographischen Museums oder in einem der Klöster. Dort ist so manches Kleinod zu entdecken: Anrührende Ikonen oder

Stickereien sind ein beliebtes Mitbringsel.

Die Naturbrücke hält: Flussüberquerung im Făgăraş-Gebirge.

filigran bemalte Ostereier. Märkte und gut sortierte Basare locken mit ihrem bunten Treiben, aber auch so manche Kassette mit rumänischer Folkloremusik lässt sich dort günstig erstehen. Meistens stehen Recorder bereit, damit man in die Volkslieder hineinhören kann.

SPORT

Für Sportbegeisterte hält Rumänien eine große Auswahl an verschiedenen Aktivitäten bereit. Im Zentrum des Interesses stehen dabei alle Wassersportarten und die hervorragenden Wintersportmöglichkeiten in den Karpaten (Angebote bei Pauschalveranstaltern, s.o.). Sportangler kommen insbesondere im fischreichen Donaudelta auf ihre Kosten (Angebote bei Spezialveranstaltern). Wanderer und Höhlenkletterer finden ihre Urlaubsparadiese in den endlosen Weiten und Höhen der Karpaten (Informationen über www.alpinet.org). Auch Jäger zieht es dorthin, um Füchse und Schwarzwild zu erlegen (Angebote bei Spezialveranstaltern). Immer beliebter wird Rumänien bei Bikern. Wohl auch deshalb, weil die bislang kaum präparierten Straßen und Wege des Karpatenlandes eine echte Herausforderung für Freaks und die das Ursprüngliche liebenden Radwanderer darstellen (Informationen über www.adfc.de/tourismus/einfos).

LIEDER DER EINSAMKEIT

Niemandem sonst war die Authentizität des rumänischen Liedguts so wichtig wie Maria Tănase (1913 bis 1963). Wenn die legendäre Interpretin der «Doine», der Lieder der Einsamkeit, ihren Karpaten-Blues anstimmte, jubelte man ihr im In- und Ausland zu. In Rumänien sind noch heute, vier Jahrzehnte nach dem Tod des «Meistervogels», ihre mitreißenden Lieder im Radio zu hören. Vor allem rechnet man es der selbstbewussten Künstlerin hoch an, dass sie sich in den Jahren der Not nicht wie viele andere erst beim faschistischen, dann beim kommunistischen Regime angebiedert hatte. Die Tănase war integer und deshalb unantastbar.

SEHENSWERTE ORTE VON A BIS Z

Ziffern im Kreis verweisen auf die Karte auf Seite 67.

ADAMCLISI ①. Der Ort in der Dobrudscha-Region, nahe der rumänischen Riviera, weist sich durch eines der bedeutendsten Staatsmonumente des Römischen

ARBORE ③. Die *Bukowina-Kirche* von Arbore wirkt fast zierlich. Ihre Bedeutung gewinnt sie durch die grandiose Freskenbemalung an den Außenfassaden. Lang gestreckte Bibelgestalten in kostbaren Gewändern bewegen sich auf meergrünem Grund zum thronenden Christus.

BĂILE HERCULANE (HERKULESBAD) ④. Der Traditionskurort Herkulesbad im

Siegmonument der Römer über die Daker in Adamclisi (oben). – Idylle am Borgo-Pass (rechts).

Reichs aus. Es ist eine von Kaiser Trajan errichtete (und 1977 wieder aufgebaute) *Siegessäule*, nachdem er 102 n. Chr. das Dakervolk geschlagen hatte. Der Rundsockel aus massiven Quadern hat einen Durchmesser von 30 Metern.

AGAPIA ②. Die bekannte Sakralanlage, die man vom moldauischen Vorkarpaten-Städtchen Târgu Neamț aus gut erreicht, ist eines der größten Nonnenklöster der gesamten Orthodoxie. Architektonisch betrachtet ist die von 1858 bis 1862 in herrlicher Berglandschaft errichtete *Dreikonchenkirche* keine Sensation, doch im Kircheninnern ist hier das Beste zu sehen, was die rumänische Malerei in der zweiten Hälfte des 19. Jahrhunderts hervorgebracht hat. Geschaffen hat es Nicolae Grigorescu. Seine Fresken sind in den zartesten Farben gehalten, die Darstellung der Gottesmutter mit Kind gehört zu den bekanntesten Mariendarstellungen.

Banat, nördlich des Eisernen Tors, zeugt von einer großen Vergangenheit. Schon die Römer nutzten das Heilwasser, die Habsburger machten es so berühmt, dass die Reichen und Mächtigen Europas hier an diesem Höhenort vorzugsweise ihre Kur nahmen. Entsprechend gibt es neben *römischen Thermenresten* auch *Pavillons der Belle-Epoque* zu sehen.

BIERTAN (BIRTHÄLM) ⑤. Eine der vielen (nicht nur sieben!) Wehranlagen Siebenbürgens, die die deutschstämmigen «Sachsen» seit dem 12. Jahrhundert auf Transsilvaniens Höhen erbauten. Die mächtige Burg zwischen Mediaș (Mediasch) und Sighișoara (Schässburg), ist im 15. Jahrhundert entstanden. Drei Mauerringe schmiegen sich schützend um die hoch oben thronende spätgotische Hallenkirche. Davor waren die Häuser der Bürger

Spätgotische Kirchenburg in Biertan.

72

Die Törzburg (oben und unten).

Erhebt sich wie ein strahlend weißer griechischer Tempel in den Himmel: Kloster Agapia.

BRAN (TÖRZBURG) ⑥. Schön wäre es ja, wenn diese steile Höhenburg mit den vielen Schießscharten südwestlich von Brașov (Kronstadt) tatsächlich vom historischen Dracula (siehe Seite 34) bewohnt gewesen wäre. Der winklige Bau mit seiner romantischen Atmosphäre animiert durchaus zu entsprechenden Fantasien über nächtliche Blutorgien des Walachen-Fürsten Vlad Țepeș. Nüchtern betrachtet ist Bran allerdings eine Wehrburg aus dem 15. Jahrhundert, die die Siebenbürger Sachsen einstmals gegen die immer wieder anstürmenden Osmanenheere beschützen sollte. Aber mit welchen Vorstellungen man die herrlich gelegene Törzburg, die heute Museum ist, auch immer betritt: Sehenswert ist sie allemal.

BRAȘOV (KRONSTADT) ⑦. Das berühmte Kronstadt der Siebenbürger Sachsen, das die Rumänen Brașov nennen, ist sicher eine der am aufwändigsten restaurierten Städte im Karpatenland. Allein ein Bum-

von Biertan kreisförmig angeordnet, was man heute noch am Ortsbild ablesen kann. Wurde es bei einem Angriff bedrohlich, zog man sich Schutzring um Schutzring in Richtung Kirche zurück, so dass man trotz manch gefährlicher Belagerung das Zentrum halten konnte. Nach diesem

Prinzip ist auch die Burg in Apold (Trappold) angelegt, ebenso die Burgen von Cisnădie (Heltau), Cisnădioara (Michelsberg), Harman (Honigberg) und Prejmer (Tartlau). Sogar Städte wie Sibiu (Hermannstadt) gehen in ihrem Ursprung auf diesen genialen Plan zurück.

DEUTSCHE PIONIERE
MIT EIGENSINN

Sie verteidigten die ungarische Krone und machten das Land für die Habsburger fruchtbar: Jahrhundertelang lebten die Siedler aus den Rhein- und Moseltälern mit den Rumänen am Karpatenbogen. Nach dem Zweiten Weltkrieg zogen die meisten von ihnen in ihre alte Heimat zurück. Eine einstmals lebendige Kultur scheint nun unterzugehen.

Was haben der ehemalige Weltklasse-Handballer Hansi Schmidt und die Schriftstellerin Herta Müller gemeinsam? Sie gehören zu den Deut-

schen, die in den vergangenen fünfzig Jahren Rumänien verlassen haben, den Staat, in dem sie geboren wurden, um in das Land zu gehen, das sie danach oft als «fremde Heimat» bezeichneten.

Die Deutschen in Rumänien, das sind die Siebenbürger Sachsen, die Banater Schwaben, Deutschstämmige aus der Bukowina und der Dobrudscha und aus anderen kleineren Ansiedlungen. In einem wahren Exodus wechselten sie in den vergangenen Jahrzehnten vom Karpatenstaat nach Deutschland, so dass bei der letzten Bukarester Volkszählung im Jahr 2002 nur noch 60 000 Menschen einen deutschen Ursprung angaben. 1918 sah das noch ganz anders aus: Da lebten etwa 800 000 Deutsche in diesen Gebieten.

Die Vorfahren dieser deutschen Siedler stammten aus den Rhein- und Moseltälern,

der Pfalz und dem Elsass. Im Mittelalter waren sie mit Versprechungen nach Siebenbürgen gelockt worden, das damals unter ungarischer Krone stand. Viele Tausende machten sich mit ihren Familien und großen Hoffnungen auf den Weg, um am Ende die siebenbürgische Grenzbefestigung gegen anrollende Osmanenheere verteidigen zu müssen. Andere kultivierten seit dem 18. Jahrhundert das von den Habsburgern beherrschte Banat. Diese Donauschwaben bauten Städte und Kirchen, lebten Seite an Seite mit den Rumänen und Ungarn, kämpften und litten mit ihnen. Gleichzeitig sahen sie es als ihre heilige Pflicht an, ihre eigene Sprache und Kultur zu pflegen. Davon zeugen noch heute deutschsprachige Kindergärten, Schulen, Universitätsfakultäten, Zeitungen und Theateraufführungen. Auch Gottesdienste – für die Banater Schwaben katholische, für die Siebenbürger Sachsen evangelische – werden auf Deutsch gefeiert. Dennoch sprachen die meisten von ihnen

auch rumänisch und ungarisch – wichtig im alltäglichen Miteinander, unabdingbar im Geschäftsleben.

Nach dem Zweiten Weltkrieg verschlechterten sich die Lebensbedingungen für die Deutschstämmigen erheblich, und viele verließen Rumänien. Sie verloren ihr Land durch Enteignung an das kommunistische

1. Deutscher Verein im Theater von Hermannstadt (Holzstich von 1844). – 2. Kirchweihfest der Banater Schwaben in Bakowa (historische Fotografie). – 3. «Schwäbische Bauern auf dem Zug nach dem Banat» (Farbdruck um 1935). – 4. Storchennest. 5. Herta Müller, Lehrerin und Schriftstellerin, geb. 1953 in Nitzkydorf. – 6. Banater Schwaben (Fotografie um 1938). – 7. Deutsches Geschäft in den vierziger Jahren. 8. Maria von Rumänien (Fotografie 1910).

Regime, wirtschaftliche Not und Zwangsumsiedlungen schmerzten. Hansi Schmidt nutzte 1963 ein Handballturnier in Deutschland, um in Gummersbach zu bleiben. Herta Müller ging 1987, nachdem sie als regimekritische Schriftstellerin die Repressalien nicht mehr ertragen konnte. Von Deutschland aus, ihrer neuen Heimat, wurde sie zu einer beredten Zeugin gegen die Gräuel totalitärer Willkür, wo auch immer sie sich zeigten. Zugleich brach sie als Banater Schwäbin mit einem Tabu, als sie darauf hinwies: Nicht wenige Deutsche in Rumänien hatten mit dem Nationalsozialismus sympathisiert. Und manche von ihnen hatten sich sogar von der SS rekrutieren lassen.

Den heute in Rumänien lebenden Deutschen steht die größte Herausforderung mit Sicherheit aber noch bevor. Wenn im nächsten Jahrzehnt viele ältere Menschen sterben, droht ihre reiche Kultur mit ihnen unterzugehen. In einem zusammenwachsenden Europa könnten die Deutschrumänen, wie der evangelische Bischof Christoph Klein aus Sibiu (Hermannstadt) meint, allerdings auch eine Art Brücke zwischen den Kulturen bilden.

Der Rathausplatz von Brașov (Kronstadt) mit Hirscherhaus und der Schwarzen Kirche.

mel rund um das ehemalige *Rathaus*, ein barockisiertes Gebäude aus dem 15. Jahrhundert, erschließt viele Sehenswürdigkeiten dieser mehr als siebenhundertjährigen, ursprünglich vom Deutschen Ritterorden gegründeten Ansiedlung. Gegenüber grüßt unterhalb des Stadtbergs Tîmpa das *Hirscherhaus* aus dem Jahr 1545, ein prächtiger Gebäudekomplex mit Laubengang und tiefgezogenem Dach. Einige Häuserfronten weiter kündet die kreuzgekrönte neue *Orthodoxe Kirche* und wiederum auf der anderen Platzseite die spätgotische evangelische *Schwarze Kirche* (1477 vollendet) von der jahrhundertealten Koexistenz nicht nur der Volksgruppen, sondern auch der christlichen Konfessionen in Siebenbürgen. Nur wenige Schritte entfernt steht ein steinernes Standbild des streng blickenden Humanisten *Johannes Honterus*, der seit 1544 hier als Stadtpfarrer wirkte und den Protestantismus ins Land brachte. In seinem Schatten strömen auch heute noch Schüler in das nach ihm benannte deutsche Gymnasium. Nur sind es jetzt nach dem Exodus der Siebenbürger Sachsen meist Kinder rumänischer Familien. Heute ist die 360 000-Einwohner-Stadt eines der wichtigen wirtschaftlichen, aber auch kulturellen Zentren des modernen Rumänien.

BUCUREȘTI (BUKAREST) ⑧. Die gut zwei Millionen Einwohner zählende Hauptstadt inmitten der rumänischen Tiefebene genießt touristisch keinen besonders guten Ruf. Hängt ihr doch immer noch der Makel an, dass sich hier im Herzen des ehemaligen Fürstentums Walachei die

Bukarest: klassizistische Gebäude ...

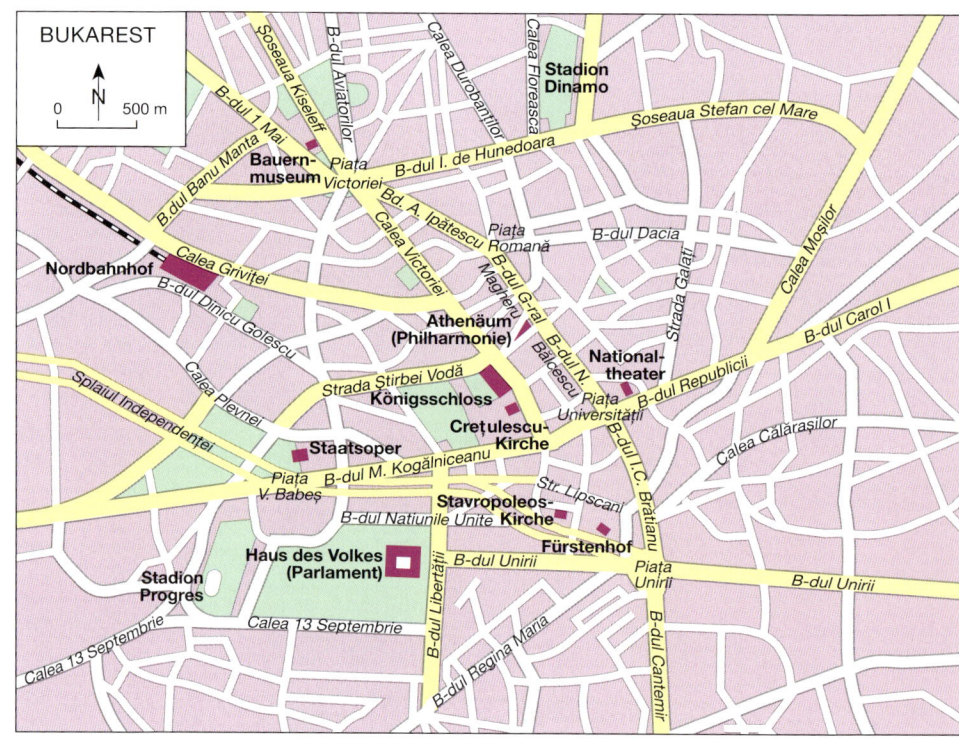

Gigantomanie eines paranoiden Diktators ausgetobt hat. Ganze Altstadtviertel ließ der selbsternannte «Führer» abreißen, um seinem Größenwahn Gestalt zu geben.

Das Areal um das monströse *Parlamentsgebäude* stalinistischer Prägung trägt auch heute noch seine Handschrift. Die rund um die Gebäude der damaligen Macht

... Kommerz in der Schmuckpassage ...

... und Kunst in der Stavropoleos-Kirche.

angebrachten *Revolutionskreuze*, unter denen auch mehr als ein Dutzend Jahre nach dem Aufstand noch immer frische Blumen liegen, erinnern an das Jahr der Wende 1989. Und doch hat sich der unbe-

... auf der Calea Victoriei (Siegesallee), ...

strittene politische, wirtschaftliche und kulturelle Mittelpunkt Rumäniens nach einer Zeit des Stillstands wieder zu einer quirligen Metropole entwickelt. Wie immer nach Phasen des Niedergangs und der Katastrophen – Brände, Erdbeben, Überschwemmungen im 17. und 18. Jahrhundert – erholte sich die Stadt schnell. Auf den Prachtstraßen *Calea Victoriei* und *Bulevardul G. Magheru* bevölkern heute wieder elegante Müßiggänger die Szenecafés oder bummeln an den sündhaft teuren Auslagen vorbei. Galerie reiht sich an Galerie, Studenten diskutieren in den Parks, und auch die Vertreter internationaler Banken und Firmen sind längst zurückgekehrt. Natürlich ist auch die Armut derer, die im neuen System nicht mehr zurechtkommen, in manchen Straßen nicht zu übersehen. Doch wer hier nur streunende Kinder und Trickbetrüger wittert, wie es westliche Medien gerne suggerieren, tut der Stadt Unrecht.

So hässlich die Industrievorstädte Bukarests auch sein mögen, die Sehenswürdigkeiten im Zentrum lohnen ohne Zweifel touristisches Interesse: beispielsweise das säulenumstandene *Philharmoniegebäude Athenäum* oder der klassizistische Komplex des *Königsschlosses*, in dem sich auch das bedeutendste Kunstmuseum des Landes befindet. Bemerkenswert sind auch zwei Gotteshäuser aus dem 18. Jahrhundert: die schlanke *Crețulescu-Kirche* sowie die mit steinernen Blütenornamenten verzierte *Stavropoleos-Kirche*. Nicht zu vergessen die *Ruinen des walachischen Fürstenhofes* aus dem 15. Jahrhundert. Die Hauptstadt Bucureşti kann zweifellos wieder international mithalten.

BUŞTENI ⑨. Der Höhenkurort südlich von Braşov (Kronstadt) gilt als idealer Ausgangspunkt für Bergwanderer oder Skifahrer. Die beeindruckenden *Felsformationen «Sphinx»* und *«Die alten Frauen»* sind von hier aus gut zu erreichen. Auch der 2 284 Meter hohe *Caraiman-Gipfel* mit seinem Metallkreuz zu Ehren der Gefallenen des Ersten Weltkriegs ist nicht weit.

CÂMPENI ⑩. Von diesem inmitten der Berglandschaft der Westkarpaten gelegenen Städtchen starten viele schöne Berg- und Klettertouren. Großer Beliebtheit bei den Besuchern erfreuen sich auch die Höhlentouren, darunter besonders in die wirklich eiskalte *Eishöhle Scarişoara* bei Nucet, die sich innerhalb eines 3 500 Jahre alten Gletschersystems befindet. Eissäulen in bizarren Formationen gestalten sich hier zu wahren Kunstwerken, die zudem ständig ihr Erscheinungsbild verändern. Bei Beiuş findet man nach einem kleinen Aufstieg den Eingang in die nicht minder bekannte *Bärenhöhle Peştera Urşilor*, in der herrlich schimmernde Tropfsteine und Skelette eiszeitlicher Höhlenbären urzeitliche Gefühle wecken.

Der Ovid-Platz in Constanţa erinnert an den römischen Dichter und seine Verbannungsjahre.

Constanţa an der Schwarzmeerküste: Hier sind Touristen mit ihren Booten willkommen.

CLUJ-NAPOCA (KLAUSENBURG) ⑪. Die heute über 320 000 Einwohner zählende Industriestadt im Norden Transsilvaniens geht auf eine Römergründung in dakischem Gebiet zurück; der Namenszusatz «Napoca» verweist auf diese Herkunft. Schon seit dem Mittelalter ist Cluj, das seine heute nur noch wenigen deutschstämmigen Bürger Klausenburg und die vielen Ungarischstämmigen Kolosvar nennen, ein wichtiger Verkehrsknotenpunkt. Mitten auf dem Einheitsplatz (Piaţa Unirii), im Herzen der Stadt, befindet sich die katholische *Sankt-Michaelskirche*, neben der Schwarzen Kirche von Braşov das größte Gotteshaus in Transsilvanien, eine von 1350 bis 1480 erbaute gotische Hallenkirche mit wertvoller Innenausstattung. An der Südseite der Kirche steht das überdimensionale *Reitermonument von Matthias Corvinus* (von 1902), der als ungarischer König von 1458 bis 1490 über Transsilvanien herrschte. Rund um den Platz sind *barocke und klassizistische Stadthäuser* sehenswert. Im *Bánffy-Palais*, erbaut von 1774 bis 1785, einst die Villa eines ungarischstämmigen Adligen, ist heute ein Kunstmuseum untergebracht. Nördlich des Platzes wird nach den Resten eines römischen *Forums* gegraben. Auch der große *Botanische Garten* südlich des Stadtzentrums, die *Universität* mit dem weltweit einzigen Lehrstuhl für Höhlenforschung und die *Reformierte Kirche* (früher Franziskanerkirche) vom Ende des 15. Jahrhunderts sind einen Besuch wert.

CONSTANŢA ⑫ Die alte Hafenstadt am Schwarzen Meer mit ihren 360 000 Einwohnern ist im letzten Jahrzehnt, nach dem willkürlichen Abriss zahlloser Gebäude in kommunistischer Zeit, wieder stark gewachsen. Inzwischen ist Constanţa durch den steigenden Seehandel zur zweitgrößten Stadt Rumäniens geworden. Mit einer großen Anzahl stereotyper Blocks allerdings, wie sie in allen rumänischen Vorstädten zu finden sind. Constanţa hat aber auch eine immer noch

Das Patriarchen-Palais in Bukarest.

Mamaia an der Schwarzmeerküste.

prächtige Altstadt rund um die *Ovid-Statue* am bekannten *Archäologischen Museum*. Dort sind vor allem die Schätze der römischen Vergangenheit, unter anderem ein 700 Quadratmeter großes Bodenmosaik aus dem 3. Jahrhundert und eine große Anzahl römischer Statuen ausgestellt. Überhaupt begegnet man im alten Zentrum auf Schritt und Tritt den Zeugen einer überaus reichen Geschichte: antike Sarkophage und christliche Kirchen, türkische Moscheen und das schöne *Casino* im Belle-Epoque-Stil, in dem inzwischen wieder gepflegte Abendunterhaltung geboten wird, mit seiner einladenden Terrasse zum Meer hinaus. Man sollte sich einfach durch die Gassen von Constanţa treiben lassen, um das besondere, schon fast orientalisch anmutende Flair des Vielvölkergemischs zu spüren.

COZIA ⑬. Eines der ältesten Baudenkmäler in der Walachei ist die gewaltige Klosteranlage Cozia im Tal des Flusses Olt (Alt), einige Kilometer nördlich der Provinzstadt Râmnicu Vâlcea. In der zweiten Hälfte des 14. Jahrhunderts gegründet, wirkt der Bau immer noch wie eine Wehrburg. Erst im Inneren der Anlage erkennt man die typisch byzantinische Mauerschichtung aus Keramik und Backstein, die die Kirchenfassaden strukturiert. Und man bewundert in den sakralen Innenräumen die wertvollen Fresken und Votivbilder, die im 17. Jahrhundert im verspielten Brâncoveanu-Stil mit strahlenden Farben auf die Wände gemalt wurden.

CURTEA DE ARGEŞ ⑭. Diese ehemalige Fürstenstadt des späten 14. Jahrhunderts am Fluss Argeş ist unbedingt sehenswert. Nordwestlich von Piteşti gelegen, war sie zwar nur für kurze Zeit die Residenz der damaligen Walachenherrscher. Aber mit den Ruinen des Fürstenhofes, mit der alten, byzantinisch strengen Fürstenkirche des hl. Nikolaus und vor allem mit der berühmten, vom Baumeister Manole errichteten Bischofskirche bildet das Städt-

Das Nonnenkloster Horezu.

chen heute ein kulturhistorisches Highlight der Walachei. Die Bischofskirche aus dem Jahr 1517 wurde im 19. Jahrhundert restauriert und ist als beliebtes Motiv in jeder Rumänien-Postkartenserie vertreten:

Relikte der römischen Besatzungszeit: die ehemalige Stadtbefestigung in Histria.

Das 1692 von Constantin Brâncoveanu errichtete Kloster Horezu ist Weltkulturerbe.

mit ihren überreich verzierten Fassaden, die eine Vielzahl geometrischer und pflanzlicher Motive aufweisen und fast orientalisch anmuten, sowie den Türmen mit den steinernen Spiralen.

HISTRIA ⑮. Griechische Seefahrer und Händler gründeten diese Siedlung am Schwarzen Meer. Beeindruckend sind vor allem die Reste ehemaliger römischer *Thermen* aus dem 2. Jahrhundert, die mit

Marmorschwellen und kunstvollen Mosaiken ausgelegt waren.

HOREZU ⑯. Wer durch die festungsartigen Ziegelmauern in den Innenhof dieses

Constantin Brân-
cuşi in seinem
Pariser Atelier
(Foto um 1933).
Mahnmal für die
Opfer des Ersten
Weltkriegs: die
«Endlose Säule»
in Târgu Jiu.

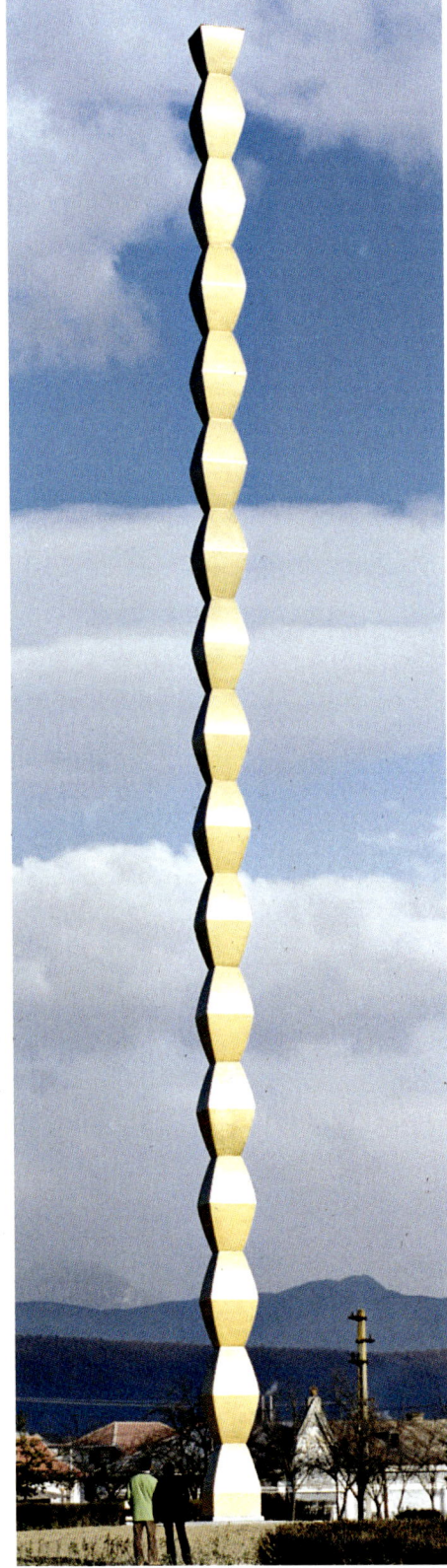

Wo der Sand am feinsten ist: Mamaia an der Schwarzmeerküste.

BRÂNCUŞIS
ENDLOSE SÄULE

Man möchte sich ihrer Harmonie
hingeben, mit ihnen verschmelzen:
Die Bildwerke Constantin Brâncuşis
sind modern, sogar abstrakt in der
Reduktion der Formensprache, aber
auch ganz archaisch in ihrer edlen
Schönheit aus einfachen, manchmal
kostbar polierten Materialien: Stein,
Holz, Metall. Der berühmte Bild-
hauer (1876–1957) wurde in Rumänien geboren, arbeitete aber seit
1904 in Paris, wo er die Avantgarde
mit den traditionellen Elementen der
heimatlichen Schnitzkunst verband.
1937 gestaltete er in Târgu Jiu, nahe
seinem Geburtsort, die «Straße der
Helden» aus drei Großplastiken:
«Tisch des Schweigens», «Tor des Kus-
ses» und die 30 Meter hohe «Endlose
Säule». Ein Ensemble in radikaler Sti-
lisierung – zu Ehren der rumänischen
Opfer des Ersten Weltkriegs.

zum UNESCO-Weltkulturerbe erhobenen
Nonnenklosters westlich von Râmnicu
Vâlcea tritt, entdeckt an den Arkadengän-
gen und Loggien verspielt wirkende Pflan-
zen- und Tierornamente im typischen,
rumänischen Brâncoveanu-Stil. Diese
Kunstform erinnert an den Walachenherrscher Constantin Brâncoveanu, der dem
Besucher in Horezu aus einem verräu-
cherten Votivbildnis höchstselbst tief in
die Augen schaut. Dieser große Kunstför-
derer fiel einige Jahre nach Fertigstellung
des Klosters zusammen mit seinen vier
Söhnen osmanischen Eroberern zum Opfer.
Von den farbenfrohen Freskenmalereien

Die Drei-Hierarchen-Kirche in Iaşi.

Grenzlage ist zumindest vom kulturellen Flair der Großstadt noch einiges zu spüren. Etwa auf der Flaniermeile *Strada Stefan cel Mare*, wo sich Gedenksteine, Standbilder, Kathedralen, Paläste, Dichterwohnungen und Musentempel aneinander

scher Bauherrn im späten Mittelalter entstanden. Die mächtige Anlage wird von der von Fürst Stefan dem Großen 1497 gestifteten, gotisch anmutenden *Himmelfahrtskirche* dominiert, der man die Nähe zu den Schwesterkirchen Putna und

Oradea mit seinem imposanten Rathaus ist die Hauptstadt des rumänischen Barock.

im Atrium geht eine intensive Lebensenergie aus. Da legen grässliche Teufel die Ungläubigen übers Knie und verdreschen sie kräftig, bevor sie diese in die Höllenflammen befördern – was denn in dieser drastischen Darstellung manchem Kunstliebhaber die Sprache verschlägt.

HUMOR ⑰. siehe Seite 54

IAȘI ⑱ Die Großstadt im moldauischen Nordosten ist mit ihren 350 000 Einwohnern unbestritten die Kulturmetropole Rumäniens. Hier am Prut, dem heutigen Grenzfluss zwischen Rumänien und der Republik Moldova, hatte es die im Jahr 1407 erstmals erwähnte Ansiedlung zur Universitäts- und Hauptstadt des einst bedeutenden Fürstentums Moldau gebracht. Politisch engagierte Schriftsteller lebten in dieser Stadt, Dichter wie Mihai Eminescu (siehe Seite 70) wirkten von hier aus. Die Redaktionen der besten rumänischen Zeitungen ließen sich in Iași nieder. Auch der Impuls zur rumänischen Staatswerdung durch den damaligen Moldaufürsten Alexandru Ion Cuza ging seit 1859 von hier aus. Heute in trostloser

reihen. Ein Höhepunkt ist dabei ohne Frage die berühmte *Drei-Hierarchen-Kirche*: ein bauliches Kleinod von 1639.

MAMAIA ⑲. Bekanntes Seebad einige Kilometer nördlich von Constanța. Nirgendwo in Rumänien ist der Strand so feinsandig, so lang und so breit.

MOGOȘOAIA ⑳. Das *Schloss* des Walachenfürsten Constantin Brâncoveanu, das 1702 im Nordwesten von Bukarest errichtet wurde, liegt idyllisch an einem See. Mit seiner ornamentalen Fassade ist es neben dem oltenischen Kloster Horezu ein besonders schönes Beispiel des Brâncoveanu-Stils. Was hier im Original zu besichtigen ist, haben Rumäniens Architekten stets versucht nachzuahmen.

MOLDOVIȚA ㉑. siehe Seite 54

NEAMȚ ㉒. Das Mönchskloster im Nordwesten der Kleinstadt Târgu Neamț gehört mit Văratec und Agapia zu den großen Moldauklöstern. Neamț, das «deutsche Kloster», ist unter dem Einfluss moldaui-

Voroneț ansieht. Das Kloster ist über Jahrhunderte für die gesamte Karpatenregion als Zentrum der sakralen Silberschmiede- und Stickereikunst wichtig gewesen, ebenso für Kalligrafie und Ikonenmalerei.

PELEȘ ㉓. Das vom rumänischen König Carol I. Ende des 19. Jahrhunderts (1875 bis 1883) erbaute Traumschloss begeistert besonders Kunsthistoriker, weil hier fast alle denkbaren Stilarten versammelt sind. Der aus Deutschland stammende Herrscher hatte mit diesem Bauwerk nördlich von Bukarest seine Leidenschaft für romantische mittelalterliche Burgen ausgelebt, zum Beispiel im Waffensaal mit deutschen Ritterrüstungen aus dem 15. und 16. Jahrhundert. Im Inneren des skurrilen Schlosses befinden sich 160 Räume, die der Monarch mit kostbaren Möbeln aus allen Epochen ausstatten ließ. In späteren Jahren bettete sogar der bizarre Diktator Ceaușescu sein Haupt in diesen Gemächern und hielt königlich Hof. Heute ist das rumänische Neuschwanstein wieder für jedermann zugänglich und eine große Attraktion im Karpatenland.

POIANA BRAȘOV ㉔. Der Ferienort in den Karpaten bietet kulturgeschichtlich keine Höhepunkte. Doch die Umgebung, das Netz der ausgeschilderten Wanderwege und die gut präparierten Skipisten sind für Läufer und Wintersportler eine Reise ans Postăvarul-Massiv wert.

PREDEAL ㉕. Im Vergleich zum hübschen Poiana Brașov und zum nobleren Sinaia

Dokumente dieser historisch wichtigen Begegnung können im *Klostermuseum* besichtigt werden.

SĂPÂNȚA ㉗. Kann es an Gräbern auch Anlass zur Heiterkeit geben? Diese etwas seltsam anmutende Frage stellt sich auf dem *Fröhlichen Friedhof* von Săpânța, westlich von Sighetu Marmației, in der einsamen Maramuresch-Region. Der Holz-

In der Klosterkirche von Putna liegt der Walachenfürst Stefan der Große begraben.

Überragend: der Rathausturm in Sibiu.

ist Predeals Charme eher bescheiden. Die auf gut 1000 Metern höchst gelegene Stadt Rumäniens weist inmitten malerischer Karpatengipfel und heiler Natur eine Reihe schöner alter Villen und unspektakulärer Berghäuser auf. Ein idealer Urlaubsort für den, der ruhige Wander- oder Skiferien plant.

PUTNA ㉖. Der große Stefan, Moldaufürst von 1457 bis 1504, konnte im Jahr 1470 wieder einmal den Gewinn einer Schlacht gegen die Türken feiern – und krönte seine Feldherrenkunst zum Dank für die erwiesene Gnade mit dem Bau dieses Klosters im Norden des Moldaugebiets. Imposante Mauern und Türme wurden errichtet, später zerstört und im 17. Jahrhundert wieder aufgebaut. In der Mitte des 19. Jahrhunderts trafen sich hier die führenden Köpfe der gerade vereinten Fürstentümer Moldau und Walachai.

schnitzer Ion Patraș entwickelte jedenfalls eine ganz eigenwillige Vorstellung von der Würde des Begräbnisses. Ohne Tabus, aber nicht pietätlos, wollte er auch die komischen und typischen Seiten der Verstorbenen bildlich überliefern und damit dem Tod seinen Schrecken nehmen. Schnitzte er seine Grabkreuze, kam die ganze Wahrheit ans Licht: Da gab es faule und trinkende Familienväter, so manchen Geizkragen, Dorftrottel, aber auch liebreizende und sanftmütige Geschöpfe, die der Schnitzer wunderschön gestaltete und bunt bemalte. Diese Lebensläufe sind auch ohne Sprachkenntnisse zu verstehen.

SARMIZEGETUSA ㉘. Von der Dakerhauptstadt Sarmizegetusa Regia gibt es nur noch ein paar Ruinen in den transsilvanischen Bergen beim heutigen Petroșani. Die Römer zerstörten bei einem Feldzug im 2. Jahrhundert n. Chr. die

Kapitale ihrer Feinde, um danach, etwas weiter westlich, eine neue Provinzhauptstadt, nämlich Sarmizegetusa Ulpia Traiana, zu gründen. Beide Städte sollte man nicht miteinander verwechseln. Die einstige Römersiedlung ist heute eine typische rumänische Kleinstadt, die mit einigen *Amphitheater-* und *Tempelruinen* aufwarten kann. Von hier aus sind es nur noch wenige Kilometer zum bekannten Bergpass *Eisernes Tor*, der auf der westlichen Seite in das Banat hinabführt.

SIBIU (HERMANNSTADT) ㉙ Noch heute ist es dieser transsilvanischen Großstadt mit ihren 170000 Einwohner anzusehen, dass sie aus einer Festung hervorgegangen ist. Die Siebenbürger Sachsen hatten Hermannstadt einst als Wehrburg gegen die anstürmenden Feinde angelegt. Die schönsten Blicke auf die Stadt hat der Besucher denn auch, wenn er auf den

Auf der Strada Nicolae Bălcescu in Sibiu.

mittelalterlichen Wehrringen entlang bummelt, wo imposante Pfeiler die Festungsstiegen stützen. Bekannt ist die dreischiffige evangelische *Stadtkirche*, erbaut im 14. und 15. Jahrhundert, mit dem Kreuzigungsfresko von Johannes von Rosenau aus dem Jahr 1445. Auch das spätbarocke *Brukenthal-Palais*, in dem im 18. Jahrhundert der Habsburger Gouverneur Transsilvaniens, Samuel von Brukenthal, residierte, ist mit seinem Renaissanceportal beeindruckend. Heute zeigt ein Museum in diesem Palast europäische Malerei und Ikonenkunst.

SIGHETU MARMAȚIEI ㉚. So unberührt und atemberaubend schön die Berglandschaften in der Maramuresch sind, die dortigen Städte lassen von diesem Zauber nichts spüren. Die Industriezentren Baia Mare und Satu Mare (Sathmar) sollte man

Die evangelische Kirche in Sibiu.

RUSSISCH – NICHT GEFRAGT

Ioana studiert für ein Jahr Germanistik an einer deutschen Universität. Sie hat ein Stipendium bekommen. Ständig wird die junge Rumänin von ihren Kommilitonen mit slawischen Sprachfetzen angesprochen, ein paar Worte russisch, ein paar Sätze tschechisch. Sie ist das langsam leid, denn sie könne sich besser mit Italienern, Spaniern, Portugiesen oder Franzosen verständigen, aber eben nicht mit den direkten Nachbarn. Denn, so klärt Ioana ihre Kommilitonen auf, ihre Muttersprache sei vom Grundwortschatz und von der Grammatik her dem Lateinischen entwachsen und habe wegen ihrer geographischen Isolation als «romanische Insel im slawischen Meer» das Idiom Cäsars stark konserviert, mehr noch als die jeweiligen Schwestersprachen. Einige sprachliche Spuren haben auch die zeitweiligen Eroberer Rumäniens hinterlassen, insbesondere die Türken und Slawen, doch die würden sich einzig auf den Wortschatz beziehen. Ungarisch und Deutsch wiederum hätten im Vielvölkerstaat nur in den entsprechenden Zuzugsgebieten «abgefärbt». «Rumänisch», so betont Ioana nochmals, «ist also im Grunde genommen eine romanische Sprache».

deshalb nur streifen und eher das Städtchen Sighetu Marmației, unmittelbar an der ukrainischen Grenze, besuchen. Das *Stadtmuseum* verfügt über eine reiche Sammlung von Holzschnitzereien, Stickereien, Teppichen und Hinterglasikonen. Zum Wandern und Klettern bietet die umliegende Landschaft die besten Möglichkeiten.

SIGHIȘOARA (SCHÄSSBURG) ③①. Das Ortsbild wird von dem gut erhaltenen *mittelalterlichen Zentrum* geprägt. Der

SUCEVIȚA ③③. siehe Seite 54

TÂRGOVIȘTE ③④. Die Stadt an den südlichen Ausläufern der Karpaten hatte ihre große Zeit, als walachische Fürsten wie «Dracula» Vlad Țepeș (siehe Seite 34) sie im Spätmittelalter zur Residenz erhoben. Auch heute trifft man noch auf Zeugnisse dieser Epoche, wie die *Fürstenhofruinen* aus dem 14. Jahrhundert oder die imposante *Stelea-Kirche*, die der Moldaufürst Vasile Lupu 1645 den walachischen Nachbarn als Friedenszeichen stiftete.

schen, die hier für ihre Freiheit starben. Im alten kreisförmigen Stadtzentrum befinden sich die *römisch-katholische Kirche* aus dem 18. Jahrhundert, die neue *orthodoxe Kathedrale* und die vielen *Barockhäuser*, die einst den Ruf Temeswars begründeten, ein «rumänisches Wien» zu sein. Problematisch ist für die Stadt heute die unsichere Grenzlage zu Ex-Jugoslawien sowie die Auswanderung vieler Banater Schwaben nach Deutschland, deren eigenständige, jahrhundertealte Kultur verloren zu gehen droht.

Durch ihre geografische Abgeschiedenheit konnte sich die Maramuresch ihren eigenen ländlichen Charakter bis heute bewahren.

mächtige Burgberg aus dem 12. und 13. Jahrhundert beherrscht die unter Denkmalschutz stehende Altstadt. Lohnend ist auch ein Besuch auf den zahlreichen *Burgen* im Umkreis der Stadt.

SINAIA ③②. Rumäniens edelster Luftkur- und Wintersportort mit Langlaufloipen, Abfahrtspisten und einer 1500 Meter langen Bobbahn liegt am Fuß des mehr als 2000 Meter hohen Bucegi-Gebirges. Ganz in der Nähe befindet sich das ehemalige Königsschloss Peleș (siehe Seite 85).

TÂRGU JIU ③⑤. Bekannt durch die «Straße der Helden»: Brâncuși (siehe Seite 84) setzte hier mit seinen riesigen Skulpturen unübersehbare Zeichen gegen den Krieg.

TIMIȘOARA (TEMESWAR) ③⑥. Bis heute verbindet sich mit dieser Stadt die Erinnerung an den blutigen Aufstand der Rumänen gegen die brutale kommunistische Diktatur im Dezember 1989. Selbst mehr als ein Jahrzehnt später brennen in der mit 340 000 Einwohnern größten Stadt des Banat noch täglich Kerzen für die Men-

VATRA DORNEI ③⑦ Ein Bade- und Luftkurort und beliebtes Ferienparadies in den östlichen Karpaten mit etwa 17 000 Einwohnern, bekannt durch seine Mineralquellen, die Herz- und Gefäßleiden lindern sollen. Im 19. Jahrhundert kurten hier die Reichen, wovon heute noch prächtige *Fin-de-Siècle-Pavillons* künden.

VORONEȚ ③⑧. Das Bukowina-Kloster im gleichnamigen Bergdorf wird auch als «Sixtinische Kapelle des Ostens» bezeichnet – eine wahre Symphonie in Blau.

Unterwegs in der Maramuresch

Der «Olymp der Moldau» – das Ceahlău-Gebirge

Vidraru-Stausee in der Walachei.

Die Bischofskirche in Curtea de Argeș.

Adamclisi 44, *44*, 45, 58, 72, *72*

Agapia, Kloster 72, *73*

Alba Julia 44, *69*

Alecsandri, Vasile 29

Băile Herculane 40, 42, 72

Banat 29, 36, 38 f.

Biertan (Birthälm) *38/39*, 57, 72 f., *72*

Botiza 10, *18/19*, 25, *26/27*

Bran (Törzburg) 34, *34*, *35*, 57, 73, *73*

Brâncoveanu, Constantin 83, 84, 85

Brâncuși, Constantin 84, *84*, 88

Brașov (Kronstadt) *48*, *49*, 57, 73, 76, *76*,

Bukowina 20, 23, 54, 74

Bukarest 13, 16 f., *17*, 19, *50*, *51*, 74, 76 f., *76/77*, 79

Bușteni 77 f.

Câmpeni 78

Carol I., König 36, 45, 85

Ceahlău-Gebirge *32/33*,

Ceaușescu, Nicolae 10, 39 f., 45, *45*, 50, 74, 85

Cioran, Emile *70*

Cluj (Klausenburg) 44, *49*, 50, 78

Constanța *4/5*, 45, 58, 78, *78*, 83

Cozia, Kloster 83

Curtea de Argeș 83, *94*

Heuernte bei Putna.

Dinescu, Mircea 70, *70*

Dobrudscha 25, 29, *56*, *57*, 58, 74

Donaudelta *6*, 58, *58*, 60 f., *60*, *61*, *62/63*, *64/65*

Eminescu, Mihai 17, 19, 29, 70, *70*, 85

Făgăraș-Gebirge *6/7*, *30/31*, *33*, 71

Ferdinand I., König *44/45*

Folklore *6*, *19*, 24 f., *24*, *25*

Geschichte 44 f.

Histria 44 f., 58, 83, *83*

Horezu, Kloster 17, *82*, 83 ff., *83*

Iași 29, *84*, 85

Karpaten *2/3*, 29, 40

Küche 14 f., *14*, *15*, *58*

Literatur 70

Mamaia 58, *80/81*, *84/85*, 85, 95

Mangalia 44 f., 67

Maramuresch 10, *16/17*, *18/19*, 29 f., *66*, *68/69*, 87, *88*, *89*

Mogoșoaia, Schloss 85

Moisei *68/69*

– Kloster *20*, *21*

Moldauklöster 20 f., 23, 54 f., 85

– Arbore 23, 54 f., *72*

– Humor 23, 54 f., *54*

– Putna 54, *55*, 86, *86*

Săpânța *22*, *23*

Sarmizegetusa 44, 86

Scărișoara (Eishöhle) *36*, 78

Schwarzmeerküste *67*, *78*, *80/81*, *84/85*,

Sibiu (Hermannstadt) 42, 43, 57, 74, 86 f., *86*, *87*, 95

Sighetu Marmației 87 f.

Sighișoara (Schässburg) *8/9*, 34 f., *35*, *40*, *41*, *50*, 88

Sinaia 88

Stefan III., der Große 45, *45*, 54 f., 85, 86

Sulina *59*, 60

Tănase, Maria 10, 23, 36, 57, 71, *71*

Târgu Jiu 84, *84*, 88

Târgoviște 88

Eingang zum Brukenthal-Museum in Sibiu.

– Moldovița 23, 54 f.

– Sucevița 23, 54 f., *54/55*

– Voroneț 23, *52/53*, 54, *55*, 88

Moldoveanu *6/7*

Müller, Herta 38 ff., 43, 70, 74, 75, *75*

Neamț, Kloster 85

Peleș, Schloss *36*, 85

Peștera Urșilor (Bärenhöhle) *36*, 78

Poiana Brașov 86

Predeal 86

Timișoara (Temeswar) 38, 42 f., 88

Transsilvanien (Siebenbürgen) *8/9*, 29, 34, 43, 50, 57

Valea Scradiei 11, *20/21*

Valea Vaser (Wassertal) *11*

Valea Villor (Wurmloch) *46/47*

Valea Vinilui (Weintal) *69*

Vatra Dornei 88

Vișeu de Sus (Oberwischau) *16*, 68

Vlad Țepeș 34 f., *35*, 45, 50, 73, 88

Badespaß am Schwarzmeerstrand in Mamaia.

DER FOTOGRAF

Olaf Meinhardt reist seit seiner Jugend zu Fuß und mit dem Fahrrad durch die Welt. Eine mehrjährige Fahrradweltreise brachte ihn zur Fotografie. Er veröffentlichte bisher Reportagen in Fotomagazinen und Buchverlagen über die Mongolei und Südamerika.

DIE AUTORIN

Ebba Hagenberg-Miliu ist promovierte Germanistin. Nach sieben Jahren als Verlagslektorin und Chefredakteurin des «Bordmagazins der Condor» nun regelmäßige Berichterstatterin in großen deutschen Zeitungen und Nachrichtenagenturen. Unter anderem Autorin des Bandes «Richtig reisen in Rumänien» (DuMont).

BILDNACHWEIS

Archiv für Kunst und Geschichte, Berlin: S. 35 o.r. 44 l., 70 M., 74 (2), 75 u.r.
Bildarchiv Preußischer Kulturbesitz, Berlin: S. 44/45, 70 u.

Centre Georges Pompidou, Paris: S. 84 o.l.
Collection Maria Rosca: S. 71 M.r.
Diz, München: S. 45 M.r., 70 o.r., 75 M.u.
Ebba Hagenberg-Miliu, Bonn: S. 24 u., 25 u.l. (2), 35 M.r., 71 u.l., 76, 80/81, 82, 83 (2), 95 u.
Interfoto, München: S. 45 M.u.
Walther Konschitzky, München: S. 74/75, 75 u.l.
Dinu Mendrea, Jerusalem: S. 39.
Sandu Mendrea, Jerusalem: 17 u.
Ruth Pischl-Hadjadj, München: S. 75 M.r.
World Monuments Fund, New York: S. 84 l. (gr. Bild, Kael Alford).

Alle anderen Aufnahmen stammen von Olaf Meinhardt, Braunschweig.

Die Karten auf den Seiten 67 und 76 zeichnete Astrid Fischer-Leitl, München.

Vor- und Hintersatz:
Das Donaudelta.
S. 1: Hirten in der Maramuresch bei Botiza.
S. 96: Rumänische Bäuerin.

Wir danken allen Rechteinhabern für die Erlaubnis zu Nachdruck und Abbildung. Trotz intensiver Bemühungen war es nicht möglich, alle Rechteinhaber zu ermitteln. Wir bitten diese, sich an den Verlag zu wenden.

Alle Angaben des Bandes wurden von den Autoren sorgfältig recherchiert und vom Verlag auf Stimmigkeit und Aktualität geprüft. Allerdings kann keine Haftung für die Richtigkeit der Informationen übernommen werden. Für Hinweise und Anregungen sind wir dankbar. Zuschriften an C. J. Bucher Verlag, Lektorat, Bayerstraße 71-73, 80335 München.

REISEN IN EUROPA: RUMÄNIEN

Konzeption: BUCH UND BILD Verlagsservice, Axel Schenck, Bruckmühl
Lektorat: Regina Carstensen
Bilddokumentation: Susanne Schauer
Graphische Gestaltung: Werner Poll
Konzeption des Schutzumschlags: Büro Jorge Schmidt, München
Herstellung: Angelika Kerscher, Gabriele Kutscha

Litho: Artilitho, I-Trento
Druck und Bindung: Passavia Druckservice GmbH, Passau

Das Werk erscheint im C. J. Bucher Verlag. Der C. J. Bucher Verlag ist ein Unternehmen der Ullstein Heyne List Verlag GmbH & Co. KG, München